# NOTIONS

# DE CHIMIE

## APPLICABLES AUX USAGES DE LA VIE

Rédigées d'après les programmes officiels

## Par HONORÉ REGODT

ANCIEN PROFESSEUR DE SCIENCES PHYSIQUES ET CHIMIQUES
A L'ASSOCIATION PHILOTECHNIQUE DE PARIS.

SEIZIÈME ÉDITION
ORNÉE DE GRAVURES DANS LE TEXTE.

## PARIS.

IMPRIMERIE ET LIBRAIRIE CLASSIQUES

De JULES DELALAIN et FILS

RUE DES ÉCOLES, VIS-A-VIS DE LA SORBONNE.

# NOTIONS

# DE CHIMIE

## APPLICABLES AUX USAGES DE LA VIE

### Rédigées d'après les programmes officiels

## Par HONORÉ REGODT

ANCIEN PROFESSEUR DE SCIENCES PHYSIQUES ET CHIMIQUES

A L'ASSOCIATION PHILOTECHNIQUE DE PARIS.

### SEIZIÈME ÉDITION

ORNÉE DE GRAVURES DANS LE TEXTE.

## PARIS.

### IMPRIMERIE ET LIBRAIRIE CLASSIQUES

### De JULES DELALAIN et FILS

RUE DES ÉCOLES, VIS-A-VIS DE LA SORBONNE.

# AVERTISSEMENT.

Les sciences ont trouvé, par leurs belles découvertes, de nombreuses applications aux usages de la vie, à l'agriculture et à l'industrie. Considérées à ce point de vue, indiqué du reste par les programmes officiels, les sciences ont un double intérêt pour les élèves ; et, parmi leurs différentes branches, après la physique, aucune n'est plus instructive et plus attrayante que la chimie. Ce volume est le complément naturel de celui de physique que nous avons déjà publié : il est rédigé dans le même esprit et dans le même but.

Si les sciences ne sont pas étudiées avec plus de fruit par les classes laborieuses, on doit l'attribuer en grande partie au manque de livres. Il existe certainement de nombreux et excellents ouvrages de chimie ; mais ces livres, très-bons pour ceux qui ont déjà reçu une instruction avancée et qui peuvent recourir à un professeur expérimenté afin d'apprendre à appliquer les savantes théories que ces ouvrages renferment, ne sont d'aucune utilité pour les élèves des écoles primaires supérieures, qui ne peuvent tirer profit d'un enseignement trop élevé pour eux. A côté de ces ouvrages sérieux, il en existe d'autres plus élémentaires et destinés aux écoles primaires, mais ces derniers livres sont souvent si élémentaires qu'ils ne contiennent aucun fait important; il ne suffit pas de dire qu'il existe tels et tels corps journellement employés, il faut aussi expliquer comment ces corps s'obtiennent et quelles sont leurs principales propriétés. Ainsi l'instruction scientifique, suivant nous, ne fait pas de progrès plus rapides, parce que les élèves des écoles supérieures se trouvent dans l'alternative, en achetant un livre, ou d'avoir un ouvrage au-dessus de leurs forces, ou d'avoir un abrégé insuffisant. C'est cette lacune que nous avons tâché de remplir, en nous guidant, autant que possible, sur le programme de l'enseignement professionnel et sur celui des écoles normales primaires.

Notre but, en écrivant, a été le même que celui que nous nous sommes proposé dans nos cours publics : répandre l'étude des sciences en la mettant à la portée de tout le monde.

# NOTIONS DE CHIMIE

## AVEC APPLICATIONS AUX USAGES DE LA VIE,

### A L'AGRICULTURE ET A L'INDUSTRIE.

## INTRODUCTION.

Définitions. — Corps simples, corps composés. — Cohésion, affinité. — Analyse, synthèse. — Nomenclature chimique. — Combinaison des corps simples entre eux. — Combinaison des corps composés entre eux. — Nomenclature des corps simples. — Nomenclature des corps composés. — Équivalents. — Formules. — Manipulation des gaz. — Manière d'obtenir les gaz. — Tubes de sûreté. — Division de la chimie.

### Définitions.

La *Chimie*, cette branche importante des sciences physiques et naturelles, a pour objet l'étude des phénomènes qui produisent des changements permanents dans la nature des corps; elle se distingue de la physique en ce que cette dernière s'occupe seulement des propriétés passagères que les corps acquièrent et qui ne changent pas leur nature intime.

Quand on frotte un bâton de verre avec un morceau de laine, ce verre attire pendant quelque temps les corps légers; mais le phénomène disparaît bientôt, et ne change pas la nature du verre. C'est un phénomène physique.

Quand on expose une barre de fer à l'air humide, elle se recouvre de rouille : cette rouille ainsi formée est un nouveau corps dont la nature et les propriétés sont différentes de celles du fer. La modification est durable et elle a changé la nature du corps. C'est un phénomène chimique.

**Corps simples, corps composés.** — La chimie divise les corps en *corps simples* et en *corps composés.*

Les corps simples sont ceux qui ne donnent jamais que des molécules *homogènes*, c'est-à-dire de même nature, de quelque manière qu'on les traite. Ainsi l'or est un corps simple parce qu'il n'est formé que de molécules d'or, et que jusqu'à présent, par aucun moyen, l'on n'a pu y trouver aucune autre substance.

Les corps composés sont ceux que l'on peut réduire en molécules *hétérogènes*, c'est-à-dire de nature différente. L'eau est un corps composé, parce qu'elle est formée de deux corps simples, l'*oxygène* et l'*hydrogène.*

Ce sont d'abord les corps simples qui s'unissent entre eux pour former des corps composés, et à leur tour les corps composés se combinent entre eux pour former d'autres substances d'une composition plus compliquée.

**Cohésion.** — La *cohésion* est la force qui unit les molécules homogènes. La cohésion est plus forte dans les solides que dans les liquides; elle est aussi plus forte dans les liquides que dans les gaz. La chaleur, tendant à écarter les molécules des corps, diminue la cohésion.

**Affinité.** — L'*affinité* est la force qui unit les molécules hétérogènes. C'est par elle que deux corps se combinent si aucune autre force ne s'y oppose; car l'affinité est modifiée par l'état des corps, par la chaleur, par l'électricité, par la quantité de chaque corps, etc.

Si l'une des causes, qui modifient l'affinité, agit sur un corps composé, elle pourra en détruire la combinaison : c'est ce qu'on appelle une *réaction chimique.* Mais comme l'affinité varie suivant les corps en présence, les réactions se produisent surtout au contact d'un corps composé avec un autre corps qui aurait plus d'affinité pour l'un des éléments combinés que celui-ci n'en a pour l'autre élément. C'est par les réactions que s'obtiennent presque toujours les différents corps : aussi trouvera-t-on à chacun d'eux le tableau de la réaction qui l'a produit.

1.

**Analyse.** — *L'analyse* consiste à décomposer un corps en ses éléments, pour les étudier séparément. Ainsi l'eau, soumise à l'action de la pile, se décompose en deux volumes d'hydrogène et un volume d'oxygène.

On distingue deux espèces d'analyses, l'analyse *qualitative* et l'analyse *quantitative :* la première a pour but de chercher uniquement les éléments d'un corps; la seconde cherche le poids de chacun de ces éléments.

**Synthèse.** — La *synthèse* a pour but la recomposition d'un corps avec les quantités de chaque élément fournies par l'analyse. Ces deux opérations se servent mutuellement de preuve. Ainsi, en combinant deux volumes d'hydrogène avec un volume d'oxygène, on obtient de l'eau.

### Nomenclature chimique.

La *nomenclature chimique* est l'ensemble des mots employés pour désigner les corps simples et les corps composés. Le système adopté aujourd'hui est dû à Guyton-Morveau, qui vivait au commencement de ce siècle; il permet de reconnaître en même temps dans un composé la nature et la proportion des éléments qui se combinent entre eux.

**Nomenclature des corps simples.** — La nomenclature des corps simples [1] ne présente aucune règle particulière, de sorte qu'il faut retenir ces noms de mémoire.

On connaît aujourd'hui 66 corps simples, que l'on divise en 16 *métalloïdes* et 50 *métaux.*

[1]. Anciennement on ne reconnaissait que quatre corps simples ou éléments : l'air, l'eau, la *terre* et le *feu.* Or l'air est un mélange de deux corps simples; l'eau, une combinaison de deux corps simples; la terre, un composé d'un grand nombre de corps simples, et il en reste sans doute à découvrir. Quant au *feu,* appelé encore *chaleur* ou *calorique,* la physique émet seulement des hypothèses sur sa nature.

1° Les 16 *métalloïdes* ou corps simples non métalliques ont reçu les noms suivants :

| | | |
|---|---|---|
| *Arsenic*[1], | *Fluor,* | *Silicium,* |
| *Azote,* | *Hydrogène,* | *Soufre,* |
| *Bore,* | *Iode,* | *Tellure,* |
| *Brome,* | *Oxygène,* | *Zirconium.* |
| *Carbone,* | *Phosphore,* | |
| *Chlore,* | *Sélénium,* | |

2° Les 50 *métaux* ou corps simples métalliques ont été appelés :

| | | |
|---|---|---|
| *Aluminium,* | *Indium,* | *Potassium,* |
| *Antimoine,* | *Iridium,* | *Rhodium,* |
| *Argent,* | *Jargonium,* | *Rubidium,* |
| *Barium,* | *Lantane,* | *Ruthénium,* |
| *Bismuth,* | *Lithium,* | *Sodium,* |
| *Cadmium,* | *Magnésium,* | *Strontium,* |
| *Cæsium,* | *Manganèse,* | *Tantale* ou *colombium,* |
| *Calcium,* | *Mercure,* | *Terbium,* |
| *Cérium,* | *Molybdène,* | *Thallium,* |
| *Chrome,* | *Nickel,* | *Thorium,* |
| *Cobalt,* | *Niobium,* | *Titane,* |
| *Cuivre,* | *Or,* | *Tungstène,* |
| *Didyme,* | *Osmium,* | *Uranium,* |
| *Erbium,* | *Palladium,* | *Vanadium,* |
| *Étain,* | *Pélopium,* | *Yttrium,* |
| *Fer,* | *Platine,* | *Zinc.* |
| *Glucinium,* | *Plomb,* | |

**Nomenclature des corps composés**[2]. — Les corps composés sont formés, comme on l'a vu, soit de deux ou de plusieurs corps simples, soit de corps composés qui se combinent entre eux.

Un composé s'appelle *binaire* quand il est formé de

1. L'arsenic et le silicium sont considérés par plusieurs chimistes éminents, non comme des métalloïdes, mais comme de véritables métaux.

2. Avant l'adoption de la nomenclature chimique, on désignait les composés par des noms qui n'étaient assujettis à aucune règle. Ces mots indiquaient non la composition des corps, mais leur origine ou une de leurs propriétés, et il arrivait souvent que le même composé portait plusieurs noms différents qui chargeaient inutilement la mémoire.

deux corps simples, *ternaire* quand il est formé de trois corps simples, *quaternaire* quand il est formé de quatre corps simples, etc.

Les *composés binaires* peuvent être classés en trois groupes : les *acides*, qui sont électro-négatifs, comme l'acide sulfurique, l'acide azotique, etc.; les *bases*[1], qui sont électro-positives et qui s'unissent aux acides pour former des sels, comme la potasse, la chaux, l'ammoniaque, etc.; les *neutres*, qui ne sont ni acides ni bases, et ne se combinent ni avec les uns ni avec les autres, tels que l'eau, l'hydrogène carboné, les alliages, etc.

Parmi les *composés ternaires*, on distingue quelques alliages, comme le maillechort; certains corps d'une nature particulière, comme l'acide cyanhydrique, les cyanures et diverses combinaisons végétales et animales; les sels oxacides formés d'un oxacide et d'une base métallique, comme le sulfate de chaux ou plâtre, l'azotate de potasse ou salpêtre, etc.

Aux *composés quaternaires*, qui sont moins nombreux, appartiennent les sels formés par l'ammoniaque et par un acide autre que l'acide azotique, et les sels hydracides[2].

Les corps composés de plus de deux corps simples peuvent également se classer, comme les composés binaires, en *composés acides*, *basiques* ou *neutres*, selon la manière dont ils se comportent au contact de diverses préparations employées dans la chimie expérimentale et désignées sous le nom de *réactifs*.

Les *composés acides* rougissent la teinture bleue de tournesol et la teinture violette du sirop de violette; ils n'ont pas d'action sur la teinture jaune de curcuma.

1. Étant donné un composé de deux corps simples ou eux-mêmes composés, on appelle *base* le corps électro-positif, c'est-à-dire celui qui se rend au pôle négatif, quand on soumet le composé à l'action de la pile. Voir les *Notions de Physique*.

2. Les sels hydracides n'étant généralement d'aucun usage, il n'est question dans ce volume que de l'hydrochlorate d'ammoniaque, qui est un composé ternaire.

Les *composés basiques*, parmi lesquels on distingue les *composés alcalins*, ramènent au bleu la teinture de tournesol rougie par un acide, verdissent le sirop de violette et rougissent la teinture jaune de curcuma. Les *composés neutres* sont sans action sur les réactifs colorés.

**Composés binaires.** — Un composé binaire peut être formé : 1° par la combinaison de l'oxygène ou de l'hydrogène avec un autre corps; 2° par la combinaison de deux métalloïdes; 3° par la combinaison d'un métalloïde et d'un métal; 4° par la combinaison de deux métaux.

**Composés binaires formés par l'oxygène.** — Les composés binaires formés par l'oxygène sont des *acides* ou des *oxydes.*

Les acides formés par l'oxygène portent le nom général d'*oxacides.*

Les oxydes sont *neutres* ou *basiques :* basiques, quand ils peuvent s'unir aux acides; neutres, quand ils ne le peuvent pas.

*Oxacides.* L'oxygène forme avec un corps simple un seul acide; d'autres fois il en forme deux, trois, quatre, etc., parce qu'il se combine en différentes proportions avec la même quantité du corps simple.

1° Quand l'oxygène forme un seul acide avec un corps simple, on termine le nom du corps simple en *ique.* Ainsi le bore et l'oxygène forment l'acide suivant :

**Acide borique.**

2° Quand l'oxygène forme deux acides avec le même corps simple, on termine le corps simple en *ique* pour désigner l'acide qui contient le plus d'oxygène, et en *eux* pour désigner l'autre. Ainsi l'arsenic et l'oxygène forment les deux acides suivants :

**Acide arsénique,**                    **Acide arsénieux.**

3° Quand l'oxygène forme avec le même corps trois acides, on termine le plus oxygéné en *ique;* le second est terminé également en *ique,* mais on le fait précéder du mot *hypo,* et le moins oxygéné se termine en *eux.* Ainsi l'azote et l'oxygène forment les trois acides suivants :

|  |  |
|---|---|
| Acide azotique, | Acide azoteux. |
| Acide hypoazotique, | |

4° Quand l'oxygène forme avec le même corps simple quatre acides, les deux plus oxygénés se terminent en *ique,* et les deux moins oxygénés se terminent en *eux.* Mais parmi les deux acides qui ont la même terminaison, celui qui a le moins d'oxygène est précédé de *hypo.* Ainsi l'oxygène et le phosphore forment les quatre acides suivants :

|  |  |
|---|---|
| Acide phosphorique, | Acide phosphoreux, |
| Acide hypophosphorique, | Acide hypophosphoreux[1]. |

Les oxacides qui méritent d'être étudiés, vu leur utilité, sont :

|  |  |
|---|---|
| L'acide azotique, | L'acide sulfureux, |
| L'acide chlorique, | L'acide sulfurique, |
| L'acide carbonique, | L'acide phosphorique, |
| L'acide borique, | L'acide arsénique. |

*Oxydes.* L'oxygène forme avec un corps simple un ou plusieurs oxydes.

1° Quand l'oxygène ne forme avec un corps simple qu'un seul oxyde, on dit : *oxyde de,* et on ajoute le nom du corps simple. Ainsi le carbone et l'oxygène forment l'oxyde suivant :

Oxyde de carbone.

1. La chimie n'a longtemps compté que quatre acides au plus pour une même base. Aujourd'hui on en reconnaît jusqu'à sept formés par le chlore ou par le soufre, et on leur a donné des noms; mais comme les nouveaux acides n'ont point d'utilité, il devient superflu de s'en occuper, et l'on peut rester dans les limites de l'ancienne nomenclature.

2° Quand l'oxygène forme avec le même corps simple plusieurs oxydes, on appelle *protoxyde* celui qui est formé d'une quantité d'oxygène représentée par 8[1] et de la quantité d'un autre corps qui est nécessaire pour qu'il y ait combinaison complète.

Lorsqu'un oxyde possède la moitié de la quantité d'oxygène du protoxyde, on le nomme *sous-oxyde*.

Lorsqu'un oxyde possède une fois et demie la quantité d'oxygène du protoxyde, on l'appelle *sesqui-oxyde*.

Lorsqu'un oxyde possède le double de l'oxygène du protoxyde, on le nomme *bioxyde*.

Quelquefois on emploie le nom de *peroxyde* pour signifier l'oxyde le plus oxygéné, quel que soit son degré d'oxygénation; ainsi le peroxyde de plomb est le bioxyde de plomb.

En appliquant les règles précédentes, avec le plomb et le manganèse, on obtient les deux séries d'oxydes qui suivent :

| | |
|---|---|
| Sous-oxyde de plomb, | Protoxyde de manganèse, |
| Protoxyde de plomb, | Sesquioxyde de manganèse, |
| Bioxyde de plomb. | Bioxyde de manganèse. |

Parmi les nombreux oxydes, on distingue comme les plus intéressants :

| | |
|---|---|
| L'oxyde de carbone, | Le sesquioxyde de fer |
| Le protoxyde de potassium, | L'oxyde de zinc, |
| Le protoxyde de sodium, | Les oxydes de plomb, |
| Le protoxyde de calcium, | L'oxyde rouge de mercure. |
| L'oxyde de magnésium, | |

**Composés binaires formés par l'hydrogène.** — Les composés binaires de l'hydrogène sont *acides*, *neutres* ou *basiques*.

Tous les acides formés par l'hydrogène s'appellent *hydracides*.

1. Voir page 13.

*Hydracides.* L'hydrogène ne forme jamais qu'un seul acide avec un même corps simple. Pour désigner cet acide, on termine le nom du corps simple par le mot *hydrique.*

L'hydrogène forme sept hydracides avec le fluor, le chlore, le brome, l'iode, le soufre, le sélénium et le tellure. Il existe un huitième hydracide, l'acide cyanhydrique, qui est formé de cyanogène[1] et d'hydrogène. Les hydracides les plus importants sont :

L'acide fluorhydrique,               L'acide sulfhydrique.
L'acide chlorhydrique,

*Composés neutres ou basiques.* Les composés de l'hydrogène autres que les hydracides sont *neutres* ou *basiques.* Parmi les composés neutres, il faut distinguer les composés gazeux et ceux qui ne le sont pas.

1° Si le composé est gazeux, on dit *hydrogène;* puis on ajoute le nom du corps simple en le terminant en *é.* Ainsi l'arsenic et l'hydrogène forment le gaz suivant :

Hydrogène arsénié.

Lorsque le corps simple se combine en deux proportions avec l'hydrogène, on met devant le nom du corps simple *proto,* pour désigner celui qui en contient le moins, et *bi,* pour désigner celui qui en contient davantage. Ainsi les deux composés d'hydrogène et de carbone sont les gaz suivants :

Hydrogène protocarboné,          Hydrogène bicarboné[2].

2° Si le composé est liquide ou solide, on termine en *ure* le métalloïde, et on ajoute le nom de l'hydrogène. Ainsi on dit :

Bisulfure d'hydrogène.

1. Le cyanogène n'est pas un corps simple : il est formé d'azote et de carbone; on lui a laissé un nom particulier parce qu'il se comporte comme un corps simple avec les autres corps.

2. L'hydrogène bicarboné a exactement deux fois autant de carbone que l'hydrogène protocarboné.

1.

3° Quant aux composés qui jouent le rôle de base, il n'en est qu'un seul qui soit important et utile; on l'appelle *ammoniaque*, d'un nom particulier; il est formé d'hydrogène et d'azote.

**Composés binaires formés par deux corps simples autres que l'oxygène et l'hydrogène.** — Les composés binaires formés par d'autres corps que l'oxygène et l'hydrogène se composent ou de deux métalloïdes, ou d'un métalloïde et d'un métal, ou de deux métaux. Dans le premier et le second cas, ils sont *acides*, *neutres* ou *basiques;* dans le troisième cas, ce sont des *alliages*.

*Composés acides, neutres ou basiques.* Lorsque deux corps simples autres que l'oxygène et l'hydrogène forment un acide, on termine le nom du premier corps en *o* et le nom du second en *ique*. Ainsi le soufre et le carbone forment l'acide suivant :

Acide sulfocarbonique.

Les acides de ce genre n'ont point d'utilité.

Lorsqu'un métalloïde forme avec un autre métalloïde ou avec un métal un composé neutre ou basique, on termine le nom du métalloïde électro-négatif en *ure,* et on ajoute *de,* puis le nom de l'autre corps simple.

Ainsi le chlore et l'azote forment du

Chlorure d'azote.

Ainsi le soufre et le fer forment du

Sulfure de fer.

Lorsque le métalloïde se combine en différentes proportions, on fait précéder le premier nom des mots *proto, sesqui, bi, etc.* Ainsi l'on dit :

Protochlorure de mercure,      Bichlorure de mercure[1].

---

1. Le bichlorure de mercure a, pour la même quantité de mercure, deux fois la quantité de chlore du protochlorure.

Parmi les composés neutres ou basiques, les plus employés sont :

Le phosphure d'hydrogène,
Les sulfures d'arsenic,
Le chlorure de sodium,
Les chlorures de mercure,
Le chlorure d'argent,
Le chlorure d'or,

L'iodure de potassium,
L'iodure de mercure,
L'iodure d'argent,
Le sulfure de mercure,
Le bisulfure d'étain.

*Alliages.* Lorsque deux ou plusieurs métaux sont combinés, on dit *alliage de*, et on nomme les métaux qui le composent. Ainsi le cuivre, le zinc et l'étain combinés forment :

Alliage de cuivre, de zinc et d'étain.

Lorsque le mercure entre dans l'alliage, on remplace le mot *alliage* par celui de *amalgame*, et on n'énonce pas le mot *mercure*. Ainsi l'or et le mercure forment un

Amalgame d'or.

Les principaux alliages employés dans l'industrie sont :

Les alliages d'étain,
Les alliages de cuivre,

Les alliages de plomb,
Les alliages d'argent et d'or.

**Composés ternaires.** — La classe la plus intéressante des composés ternaires porte le nom de *sels*.

Un *sel* est formé par la combinaison de deux corps composés, dont l'un s'appelle *acide* et l'autre *base*. Quand l'acide est un acide oxygéné, l'oxygène étant un élément commun à l'acide et à la base, le sel n'a que trois éléments; c'est un composé ternaire.

Pour désigner un sel, on nomme d'abord l'acide en changeant sa terminaison *ique* en *ate*, ou sa terminaison *eux* en *ite*.

Ainsi l'acide azotique et la soude forment :

Azotate de soude. _

Ainsi l'acide hyposulfureux et la soude forment :

**Hyposulfite de soude.**

Jamais un métal ne sert de base avant d'être oxydé. Quand on dit par abréviation *sulfate de zinc*, il faut comprendre *sulfate d'oxyde de zinc*.

Deux chlorures, deux sulfures, etc., peuvent se combiner entre eux, l'un jouant le rôle d'acide, l'autre celui de base. La combinaison du chlorure de platine avec le chlorure de potassium s'appellera par analogie

**Chloroplatinate de chlorure de potassium.**

Dans les sels, l'acide ou la base peuvent être en proportion multiple par rapport à l'autre élément. Dans ce cas, on emploie les mots *sesqui, bi, tri, etc.*, comme on l'a vu pour les oxydes.

Ainsi l'acide sulfurique pouvant se combiner en deux proportions avec la potasse, on dit :

**Sulfate de potasse,          Bisulfate de potasse.**

De même l'acide carbonique pouvant se combiner avec deux proportions différentes du bioxyde de cuivre, on dit :

**Carbonate de cuivre,          Carbonate bibasique de cuivre.**

Les sels dont l'usage est le plus fréquent sont :

Les sulfates de potasse, de soude, de chaux, de magnésie, d'alumine, de fer, de zinc et de cuivre;

Les hypochlorites de potasse, de soude et de chaux;

Les azotates de potasse, de soude et d'argent;

Les carbonates de potasse, de soude, de chaux, de magnésie, de fer et de plomb;

Le borate de soude;

Les silicates d'alumine, de potasse, de soude, de chaux et de plomb.

Parmi les composés ternaires qui ne font pas partie des sels, il n'y a d'utile que les cyanures, savoir :

Le cyanure de potassium,          Le cyanure d'or.
Le cyanure d'argent,

**Composés quaternaires.** — Les seuls composés quaternaires qui aient de l'importance sont les sels ammoniacaux, qui suivent dans leur nomenclature, comme les sels hydracides, les mêmes lois que les sels ternaires. Les plus importants sont :

Le sulfate d'ammoniaque,          Le chlorhydrate d'ammo-
Le carbonate d'ammoniaque,        niaque.
L'azotate d'ammoniaque,

Encore les deux derniers sont-ils des composés ternaires, l'azote dans le premier, l'hydrogène dans le second, étant un élément commun à l'acide et à la base.

### Équivalents et formules.

**Équivalents.** — On appelle *équivalents chimiques* les poids différents de chaque corps qui peuvent se remplacer dans les combinaisons de même ordre.

Pour obtenir ces équivalents, on prend aujourd'hui pour unité le poids de l'hydrogène qui entre dans la composition de l'eau, et l'on trouve que le poids de l'oxygène combiné dans l'eau avec l'hydrogène est 8; puis on détermine par l'expérience le poids de chaque corps pouvant se combiner avec 8 unités en poids d'oxygène pour former le composé le moins oxygéné.

**Formules.** — Les *formules* représentant les corps simples se composent d'une seule lettre, ou de deux lettres, si plusieurs corps simples ont la même initiale.

Pour formuler un composé, on écrit l'une après l'autre les formules des corps simples qui forment le composé, et l'on met au-dessus de chaque formule des corps simples un chiffre qui indique combien le composé contient d'équivalents de ce corps. Ainsi un composé formé de 2 équivalents de fer et de 3 équivalents d'oxygène s'écrit $Fe^2O^3$. Un composé de 3 équivalents de manganèse et de 4 équivalents d'oxygène s'écrit $Mn^3O^4$, etc.

Pour formuler une combinaison de deux corps composés, on écrit les formules de ces deux composés à la suite l'une de l'autre, et on les sépare par une virgule. Ainsi le sulfate de soude, formé d'acide sulfurique $SO^3$ et de soude $NaO$, s'écrit $SO^3,NaO$. Pour indiquer 3 équivalents de sulfate de soude, on écrit $3\ SO^3,NaO$.

Pour rendre les formules plus régulières, on est convenu d'écrire les corps électro-positifs en premier. Ainsi l'oxyde de potassium, formé de potassium K et d'oxygène O, s'écrit KO, parce que le potassium est électro-positif et l'oxygène électro-négatif. Le sulfate de soude, formé d'acide sulfurique $SO^3$ et de soude $NaO$, doit, d'après cette règle, s'écrire $NaO,SO^3$, parce que la soude est un corps électro-positif par rapport à l'acide sulfurique[1].

Les équivalents des corps ne se combinent que suivant des rapports très-simples. Ainsi un équivalent d'un corps se combine avec 1, 2, 3, 4, 5, 6, 7, équivalents d'un autre. L'azote et l'oxygène, par exemple, forment cinq composés :

| | | |
|---|---|---|
| Protoxyde d'azote, | $AzO$ | $= 22.$ |
| Bioxyde d'azote, | $AzO^2$ | $= 30.$ |
| Acide azoteux, | $AzO^3$ | $= 38.$ |
| Acide hypoazotique, | $AzO^4$ | $= 46.$ |
| Acide azotique, | $AzO^5$ | $= 54.$ |

Quelquefois 2 équivalents d'un corps se combinent avec 3 équivalents, avec 5 équivalents ou avec 7 équivalents d'un autre corps. D'autres fois 3 équivalents d'un corps se combinent avec 4 ou avec 5 équivalents d'un autre corps. Ainsi :

1. Il est fâcheux que cette méthode générale d'écrire les formules ne soit pas d'accord avec l'énoncé; car on dit : sulfate de soude $SO^3,NaO$, et on écrit d'après la règle : soude sulfatée $NaO,SO^3$.

| Sesquioxyde de fer, | $Fe^2O^3 = 80.$ |
| Acide hyposulfurique, | $S^2O^5 = 72.$ |
| Acide permanganique, | $Mn^2O^7 = 112.$ |
| Oxyde de fer magnétique, | $Fe^3O^4 = 96.$ |
| Acide hyposulfurique monosulfuré, | $S^3O^5 = 88.$ |

L'acide sulfurique formé d'un équivalent de soufre et de 3 équivalents d'oxygène a pour formule $SO^3$.

| | |
|---|---|
| S | 16 |
| $O^3$ | 24 |
| $SO^3$ | 40 |

Ainsi dans 40 grammes d'acide sulfurique il y a 16 grammes de soufre et 24 grammes d'oxygène.

La potasse, formée d'un équivalent de potassium et d'un équivalent d'oxygène, a pour formule $KO$.

| | |
|---|---|
| K | 39 |
| O | 8 |
| KO | 47 |

Ainsi, dans 47 grammes de potasse, il y a 39 grammes de potassium et 8 grammes d'oxygène.

Le sulfate de potasse, formé d'un équivalent d'acide sulfurique et d'un équivalent de potasse, a pour formule $SO^3,KO$, ou, d'après la règle citée plus haut, $KO,SO^3$.

| | |
|---|---|
| $SO^3$ | 40 |
| KO | 47 |
| $KO,SO^3$ | 87 |

Ainsi, dans 87 grammes de sulfate de potasse, il y a 40 d'acide sulfurique et 47 de potasse.

On voit par ce qui précède que le grand avantage des formules, c'est de montrer, sans aucune recherche, combien un corps composé contient de chacun de ses éléments.

Le tableau suivant donne le nom des principaux corps simples, la formule de chacun d'eux et les équivalents :

## Métalloïdes.

| Corps simples. | Formules. | Équivalents. |
|---|---|---|
| Arsenic, | As. | 75. |
| Azote, | Az. | 14. |
| Bore, | B. | 11. |
| Brome, | Br. | 80. |
| Carbone, | C. | 6. |
| Chlore, | Cl. | 35. |
| Fluor, | Fl. | 19. |
| Hydrogène, | H. | 1. |
| Iode, | I. | 127. |
| Oxygène, | O. | 8. |
| Phosphore, | Ph. | 31. |
| Silicium, | Si. | 21. |
| Soufre, | S. | 16. |
| Zirconium, | Zr. | 34. |

## Métaux.

| Corps simples. | Formules. | Équivalents |
|---|---|---|
| Aluminium, | Al. | 14. |
| Antimoine, | Sb. | 122. |
| Argent, | Ag. | 108. |
| Barium, | Ba. | 68. |
| Bismuth, | Bi. | 105. |
| Cadmium, | Cd. | 56. |
| Calcium, | Ca. | 20. |
| Chrome, | Cr. | 27. |
| Cobalt, | Co. | 30. |
| Cuivre, | Cu. | 32. |
| Étain, | Sn. | 59. |
| Fer, | Fe. | 28. |
| Magnésium, | Mg. | 12. |
| Manganèse, | Mn. | 28. |
| Mercure, | Hg. | 100. |
| Nickel, | Ni. | 30. |
| Or, | Au. | 98. |
| Platine, | Pt. | 99. |
| Plomb, | Pb. | 104. |
| Potassium, | K. | 39. |
| Sodium, | Na. | 23. |
| Strontium, | Sr. | 44 |
| Zinc, | Zn | 33, |

### Manipulation des gaz.

Parmi les corps simples et les corps composés que l'on prépare en chimie afin d'en étudier les propriétés, plusieurs sont gazeux à la température ordinaire et demandent, pour être recueillis et conservés, des procédés qui diffèrent de ceux que l'on emploie pour les liquides et les solides.

**Manière d'obtenir les gaz.** — Pour obtenir un gaz, on met dans un flacon ou dans une cornue les matières destinées à le produire (voir la *figure* 8). Un tube recourbé, adapté à l'ouverture du flacon ou de la cornue, s'engage par son autre extrémité sous une éprouvette qui repose renversée sur une planchette ou un têt troué placé dans une cuve ou dans un vase quelconque. Si le gaz est insoluble dans l'eau, on remplit d'eau l'éprouvette, ainsi qu'une partie du vase; si le gaz est soluble dans l'eau, on la remplace par du mercure. Le gaz qui se forme passe par le tube dans l'éprouvette, monte en haut en vertu de sa pesanteur spécifique, beaucoup moins grande que celle du liquide, et refoule celui-ci dans le vase.

**Tubes de sûreté.** — Quand le gaz cesse de se produire, et que, par conséquent, il n'y a plus de tension de dedans en dehors, l'air qui pèse dans le vase à la surface du liquide tend à le faire monter dans le tube et le ferait arriver souvent jusque dans le flacon ou la cornue. Pour éviter cet inconvénient, on se sert d'un tube de sûreté, tantôt plongeant légèrement dans le flacon (voir la *figure* 8), tantôt adapté au tube conducteur des gaz (voir la *figure* 5); dans le dernier cas, il est muni d'une petite boule, et on verse un peu de liquide qui remplit la courbure. En même temps que l'air pèse dans le vase à la surface du liquide, il pèse aussi par le haut du tube de sûreté, repousse le liquide qui en ferme la partie inférieure et pénètre par là dans l'appareil : ce qui empêche l'absorption d'avoir lieu en rétablissant l'équilibre de pression.

### Division de la chimie.

La chimie se divise en deux branches : la *chimie inorganique* ou *minérale* et la *chimie organique*.

La première étudie la composition des corps qui n'ont jamais vécu et n'ont par conséquent aucun organe destiné à entretenir la vie. La seconde s'occupe des êtres qui ont vécu, et qui par conséquent sont pourvus d'organes propres à entretenir la vie.

La chimie inorganique ou minérale se divise en deux parties. La première partie contient les *métalloïdes* et les composés acides, basiques ou neutres qu'ils forment entre eux; la seconde partie comprend les *métaux* et les composés binaires, ternaires ou quaternaires qu'ils forment entre eux et avec les métalloïdes.

La chimie organique se divise en *chimie végétale* et en *chimie animale*. La première étudie les substances produites par la végétation des plantes; la deuxième, celles qui sont dues aux différentes fonctions de la vie animale. — Nous n'étudierons au point de vue de leurs propriétés chimiques que les corps qui offrent des applications utiles, soit dans la science, soit dans l'industrie, soit dans la médecine.

# CHIMIE MINÉRALE.

## PREMIÈRE PARTIE.

### MÉTALLOÏDES,

#### COMPOSÉS QU'ILS FORMENT ENTRE EUX.

### CHAPITRE PREMIER.

Caractères des métalloïdes. — Leur classification. — Oxygène.
— Ses propriétés. — Son action sur les corps combustibles. —
Préparation de l'oxygène. — Hydrogène. — Ses propriétés. —
Préparation de l'hydrogène. — Usages de l'oxygène et de l'hy-
drogène. — Combinaisons de l'hydrogène avec l'oxygène. —
Protoxyde d'hydrogène ou eau. — Analyse et synthèse de l'eau.
— Propriétés de l'eau. — Diverses qualités d'eau. — Usages
de l'eau.

**Caractères des métalloïdes.** — Les *métalloïdes* sont
des corps simples qui peuvent avoir quelquefois l'appa-
rence métallique, dont les caractères sont d'être mauvais conducteurs de la chaleur et de l'électricité[1], et de
former des acides ou des composés neutres en se combinant avec l'oxygène.

**Classification des métalloïdes.** — Parmi les métalloïdes,
il y en a cinq gazeux, un liquide et dix solides.

Les cinq métalloïdes gazeux sont : l'*azote*, le *chlore*,
le *fluor*, l'*hydrogène*, l'*oxygène*.

Le seul métalloïde liquide est le *brome*.

Les dix métalloïdes solides sont : l'*arsenic*, le *bore*,
le *carbone*, l'*iode*, le *phosphore*, le *sélénium*, le *silicium*,
le *soufre*, le *tellure*, le *zirconium*.

----

1. Voir les *Notions de Physique*.

On a classé les métalloïdes en quatre groupes ou familles d'après l'ensemble de leurs propriétés, savoir :

1" groupe : l'*hydrogène*, le *chlore*, le *fluor*, le *brome*, l'*iode*;

2° groupe : l'*oxygène*, le *soufre*, le *sélénium*, le *tellure*;

3° groupe : le *bore*, le *carbone*, le *silicium*, le *zirconium*;

4° groupe : l'*azote*, le *phosphore*, l'*arsenic*.

Les plus importants de tous sont l'oxygène et l'hydrogène, qui constituent l'eau et avec lesquels il n'est pas de corps, pour ainsi dire, qui ne se combine. L'azote mêlé à l'oxygène constitue l'air atmosphérique, et à ce titre, son étude, comme corps simple, viendra après celle de l'oxygène et de l'hydrogène. Le sélénium, le tellure, le zirconium, n'ont aucun usage. Le fluor, le brome, l'iode, l'arsenic, le bore, le silicium, sont utiles surtout dans leurs composés. Les autres corps métalloïdes ont par eux-mêmes une grande utilité.

### Oxygène = 8.

**Propriétés de l'oxygène.** — L'*oxygène* est un corps simple, un gaz permanent, c'est-à-dire qu'on n'a encore pu ni liquéfier ni solidifier, sans couleur, sans odeur, sans saveur. Son poids spécifique est de 1,1057. L'eau dissout à peine quelques centièmes de ce gaz. En faisant passer de nombreuses étincelles électriques dans un vase plein d'oxygène, on obtient l'*ozone*, gaz très-odorant, qui n'est autre chose que l'oxygène électrisé.

L'air ne sert à la respiration que par l'oxygène qu'il contient. Cependant il ne faudrait pas le respirer pur; il serait un excitant trop énergique et pourrait occasionner la mort : cette trop grande énergie est modérée dans l'air par la présence de l'azote. Les organes respiratoires des personnes délicates ne supportent pas l'air froid, condensé, trop riche en oxygène.

**Action de l'oxygène sur les corps combustibles.** — La combustion des différents combustibles dont nous nous servons pour le chauffage et l'éclairage (bois, charbon, gaz d'éclairage, huile, suif, etc.) n'est rien autre qu'une combinaison des éléments de ces corps avec l'oxygène contenu dans l'air. Aussi pour activer la combustion, on emploie les soufflets ou encore des tirages énergiques qui, renouvelant rapidement les couches d'air, mettent en rapport avec les combustibles une plus grande quantité d'oxygène. Un courant de gaz oxygène pur activerait encore plus la combustion, et le moyen serait souvent employé si la préparation de ce gaz n'était trop dispendieuse. Une bougie allumée plongée dans une éprouvette pleine d'oxygène brûle plus rapidement que dans l'air, et si après avoir soufflé la bougie on la replonge dans l'éprouvette, elle se rallume pourvu qu'elle ait conservé un point rouge.

Pour démontrer combien l'oxygène pur active la combustion, on fait généralement les expériences suivantes.

1° A un bouchon de liége (*fig.* 1) on attache un cône de charbon de bois par le moyen d'un fil de cuivre, on allume l'extrémité du charbon, puis on le plonge dans un flacon plein d'oxygène : aussitôt la combustion devient infiniment plus rapide; le charbon en brûlant forme du gaz acide carbonique. Après l'expérience, on verse dans le flacon une petite quantité de teinture de tournesol étendue de beaucoup d'eau; on agite le flacon en le maintenant fermé avec la main, le gaz carbonique se dissout dans l'eau et la liqueur devient rouge, ce qui prouve la présence d'un acide.

Fig. 1.

2° On chauffe dans toute sa longueur un ressort de montre (*fig.* 2), pour le recuire et lui enlever sa fragilité, puis on le tourne en spirale; on attache l'une de ses extrémités à un bouchon, et à l'autre on adapte un morceau d'amadou; après avoir allumé l'amadou on plonge le fil dans un flacon plein d'oxygène. L'amadou chauffe au rouge l'extrémité du fer, et celui-ci se combinant alors avec l'oxygène brûle avec une grande activité en lançant de toutes parts de brillantes étincelles d'oxyde de fer. Les globules d'oxyde de fer fondu qui se forment à l'extrémité du fer empêchent son contact avec l'oxygène et ralentissent la combustion; on secoue alors le bouchon, le globule tombe et la combustion reprend avec une nouvelle vigueur. Il est bon de laisser un centimètre d'eau au fond du flacon, car les globules d'oxyde de fer s'incrusteraient dans le verre par leur température élevée et en détermineraient la rupture.

Fig. 2.

3° On suspend à un bouchon par le moyen d'un fil de cuivre une petite capsule de porcelaine contenant du soufre, on allume le soufre, puis on le plonge dans un flacon à large goulot plein d'oxygène; le soufre brûle avec une belle flamme bleue et forme du gaz acide sulfureux qui a une odeur suffocante et provoque la toux.

4° Si, dans l'expérience précédente, on remplaçait le soufre par un morceau de phosphore, la combustion jetterait une lumière éblouissante et formerait des vapeurs blanches d'acide phosphorique[1].

5° Dans un creuset muni de son couvercle, on chauffe à blanc du zinc, puis on découvre le creuset; le zinc s'enflamme alors au contact de l'oxygène de l'air et forme en brûlant des vapeurs d'oxyde de zinc[2]; ces vapeurs se condensent dans l'air en se refroidissant et forment des

<hr>

1. Dans ces quatre expériences, il faut avoir soin de ne pas fermer complétement l'ouverture des flacons, car les gaz dilatés par la chaleur briseraient le flacon et pourraient blesser l'opérateur.

2. Cet oxyde de zinc est le *blanc de zinc*, beaucoup employé aujourd'hui en peinture en remplacement de la céruse ou blanc de plomb, qui est du carbonate de plomb.

flocons blancs qui retombent et imitent jusqu'à un certain point la chute de la neige.

6° Dans un creuset on fond de l'antimoine, puis on verse l'antimoine liquide d'une certaine hauteur sur une planche inclinée; le métal s'éparpille, brûle en traversant l'air et forme une pluie de feu en se combinant avec l'oxygène de l'air.

**Préparation.** — On prépare l'oxygène de différentes manières; mais le moyen le plus simple consiste à chauffer du chlorate de potasse.

*Réaction :*

Chlorate de potasse. { Acide chlorique. { Cl.......... ; O³ libre } ; KCl.
{ Potasse........... { K.......... ; O libre. }

Le chlorate de potasse est formé d'acide chlorique et de potasse; l'acide chlorique $ClO^3$ est formé de 1 équivalent de chlore et de 5 équivalents d'oxygène; la potasse est formée de 1 équivalent de potassium et de 1 équivalent d'oxygène. À une température élevée, le chlore se combine avec le potassium qui reste, et les 5 équivalents d'oxygène de l'acide chlorique et 1 équivalent d'oxygène de la potasse se dégagent. On écrit ordinairement cette réaction de la manière suivante[1] :

$$KO,ClO^5 = KCl + O^6.$$

On introduit le chlorate de potasse dans un petit ballon de verre A (*fig.* 3), et l'on ajoute une petite quantité d'oxyde de cuivre ou de bioxyde de manganèse; ces corps favorisent par leur présence la décomposition du chlorate. On contourne, à l'aide d'une lampe, un tube de verre B de manière à lui donner la forme indiquée dans la figure; on perce un trou dans un bouchon à l'aide d'une lime ronde et pointue nommée queue-de-rat, on passe le bout du tube dans ce bouchon, et on adapte le bouchon au ballon; on engage l'autre extrémité du tube dans un vase C plein d'eau, et on recouvre l'extrémité

1. + signifie *plus*; = signifie *égale*.

du tube d'un têt percé d'un trou; on renverse sur ce têt des éprouvettes pleines d'eau, puis on chauffe le ballon avec une lampe à alcool : le dégagement de l'oxygène se fait en quelques minutes. Il faut laisser perdre les premières éprouvettes de gaz, qui ne contiennent d'abord que l'air du ballon, puis un mélange d'air et d'oxygène; le gaz n'est pur que lorsque tout l'air a été expulsé.

On obtient encore de l'oxygène par l'un des deux procédés suivants.

1º On chauffe dans un ballon de verre A (*fig.* 3) un mélange de bioxyde de manganèse et d'acide sulfurique.

*Réaction :*

Bioxyde de manganèse. { O.

Bioxyde de manganèse. { MnO.......

Acide sulfurique........... | $SO^3$........ } $MnO,SO^3$.

Le bioxyde de manganèse $MnO^2$ se décompose en protoxyde de manganèse $MnO$ et en oxygène; le protoxyde de manganèse se combine avec l'acide sulfurique et forme du sulfate de protoxyde de manganèse; l'équivalent d'oxygène qui reste libre se dégage.

$$MnO^2 + SO^3 = MnO,SO^3 + O.$$

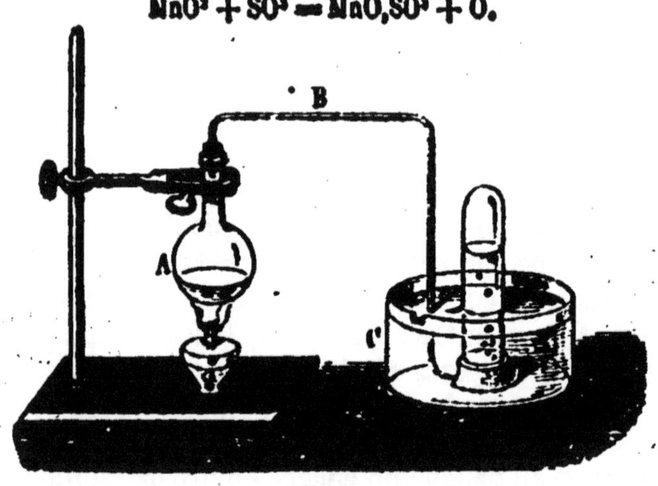

Fig. 3.

2º On chauffe du bioxyde de manganèse seul jusqu'au rouge dans une cornue de grès (*fig.* 4); sur 3 équivalents de bioxyde, 2 se transforment en protoxyde et en oxygène, et le 3e ne se décompose pas; de sorte qu'il reste un composé de 1 équivalent de bioxyde et de 2 équivalents de protoxyde.

$$3 \, MnO^3 = MnO^3 + 2 \, MnO + O^3.$$

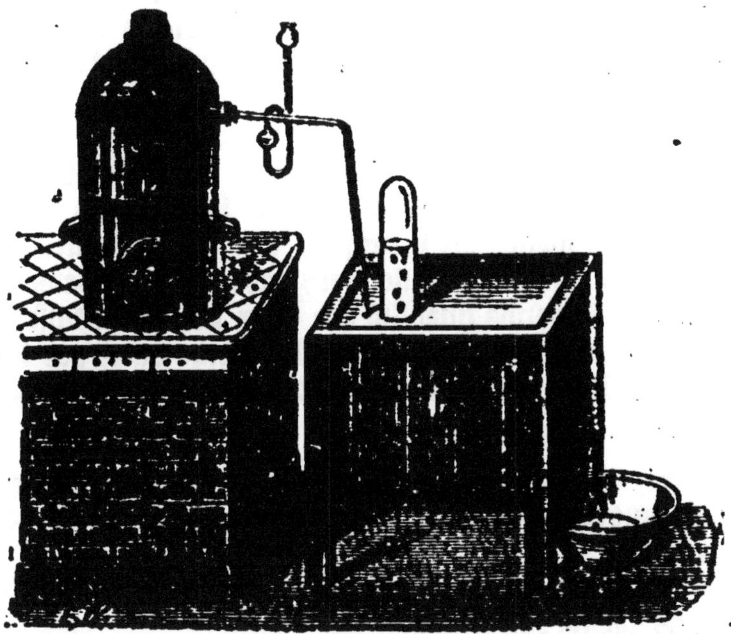

Fig. 1.

Hydrogène, $H = 1$.

**Propriétés de l'hydrogène.** — L'*hydrogène* est un corps simple, un gaz permanent, sans couleur, sans saveur, sans odeur quand il est pur, impropre à la respiration. Son poids spécifique est 0,07.

Si l'on tient renversée une éprouvette pleine d'hydrogène, et qu'on y plonge une bougie allumée, la bougie s'éteint dans le gaz; mais si on la retire lentement, elle se rallume, tandis que le gaz brûle intérieurement couche par couche à mesure qu'il est en contact avec l'air. La flamme est pâle, elle éclaire mal. Dans cette combustion, l'hydrogène se combine avec l'oxygène de l'air et forme de la vapeur d'eau qui se condense sur les parois de l'éprouvette.

Si l'on approche de la flamme d'une bougie une éprouvette d'hydrogène ayant l'ouverture à la partie supérieure, le gaz brûle rapidement, parce que, moins dense que l'air, il s'échappe de l'éprouvette et se mélange, en s'élevant, avec une certaine quantité d'oxygène atmosphérique.

Un mélange de 2 volumes d'hydrogène et de 1 volume d'oxygène se combine avec explosion à la flamme d'une bougie ou par l'étincelle électrique. Le mélange détone également quand on y projette une petite quantité de mousse de platine; cette substance absorbe dans ses pores une grande quantité des deux gaz, s'échauffe au rouge par leur compression et détermine ainsi par leur combustion une explosion instantanée et la formation de l'eau.

**Préparation.** — On prépare l'hydrogène par l'un des trois moyens suivants; le premier est le plus souvent employé.

1° On obtient de l'hydrogène avec de l'eau, du zinc et de l'acide sulfurique.

*Réaction :*

$$\text{Eau} \left\{ \begin{array}{l} H. \\ O \dots \end{array} \right. \; ZnO \dots \; \left. \right\} \; ZnO,SO^3.$$

Eau .................... $\left\{ \begin{array}{l} \text{H.} \\ \text{O}\dots \\ \text{Zn}\dots \\ \text{SO}^3\dots \end{array} \right.$

Zinc .....................

Acide sulfurique.

L'eau, formée d'hydrogène et d'oxygène, se décompose; l'oxygène se combine avec le zinc et forme de l'oxyde de zinc : l'acide sulfurique se combine avec l'oxyde de zinc et forme du sulfate de zinc qui se dissout dans l'eau; l'hydrogène se dégage.

$$HO + Zn + SO^3 = ZnO,SO^3 + H.$$

Pour faire l'expérience, on introduit dans un flacon A à deux tubulures (*fig.* 5) de l'eau et de la grenaille de

2.

zinc; on verse peu à peu par le tube BC de l'acide sulfurique; aussitôt l'hydrogène se dégage par le tube DEF. On recueille le gaz dans une cuve à eau RR'.

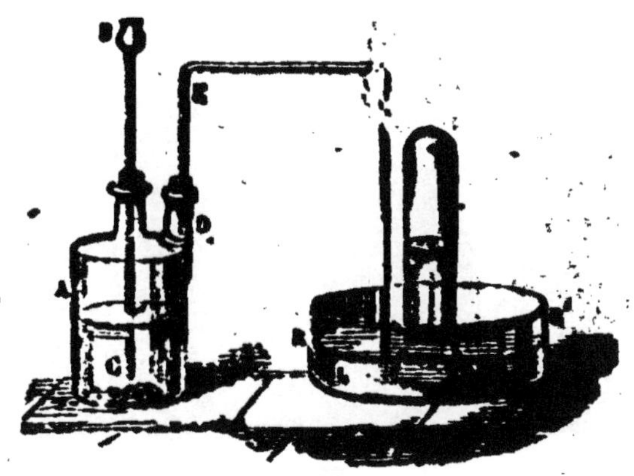

Fig. 5.

2° On obtient de l'hydrogène à bon marché, lorsqu'il en faut de grandes quantités, en décomposant l'acide chlorhydrique par le fer. On emploie de vieux clous, de la rognure de tôle, et surtout de la *tournure de fer*, c'est-à-dire de minces bandes de fer en spirale provenant des ouvrages de fer travaillés au tour. Le chlore se combine avec le fer et forme du chlorure de fer. L'hydrogène se dégage.

$$HCl + Fe = FeCl + H.$$

3° On peut encore obtenir de l'hydrogène en chauffant au rouge un tube de porcelaine ED (*fig.* 6) contenant de la tournure de fer, et en faisant traverser ce tube par un courant de vapeur que donne sous l'action du feu l'eau de la cornue A : l'oxygène de l'eau se combine avec le fer et forme de l'oxyde de fer magnétique; l'hydrogène libre se dégage et peut être recueilli dans une éprouvette B.

$$4 HO + 3 Fe = Fe^3O^4 + 4 H.$$

Fig. 1.

**Usages de l'oxygène et de l'hydrogène.** — L'oxygène pur n'a aucun usage; l'hydrogène a donné lieu à quelques applications; l'union des deux gaz sert à plusieurs expériences de laboratoire.

**Briquet à hydrogène.** — Le briquet à hydrogène consiste en un vase cylindrique de verre fermé supérieurement par un couvercle de cuivre, auquel on adapte une cloche de verre contenant un morceau de zinc; le vase contient de l'eau et de l'acide sulfurique; la cloche qui contient le zinc trempant dans cette eau se remplit d'hydrogène, qui par sa pression chasse le liquide; la production d'hydrogène s'arrête quand le zinc n'est plus en contact avec l'eau acidulée. Il suffit d'appuyer le doigt sur un ressort pour que l'hydrogène s'échappe par un tube et se dirige sur une petite quantité d'éponge de platine maintenue dans une capsule en face du bec de gaz; le jet d'hydrogène s'enflamme et allume une petite veilleuse placée sur le trajet de la flamme. Dès qu'on retire le doigt, le jet d'hydrogène s'arrête; et comme une certaine quantité d'eau acidulée a pénétré dans la cloche, il se forme bientôt une nouvelle quantité d'hydrogène. On peut ainsi se procurer du feu à volonté.

**Éclairage par l'hydrogène.** — La flamme de l'hydrogène éclaire mal; mais si l'on place au milieu de cette flamme quelques fils de platine, le métal est bientôt chauffé à blanc et jette une belle lumière. On peut également se servir de la combustion du gaz hydrogène comme système de chauffage; en quelques minutes une salle se trouve chauffée, et on règle la température en ouvrant plus ou moins le robinet. Ce chauffage semble devoir être beaucoup plus économique que celui que nous employons; car les conduits des cheminées par où s'échappent les produits de la combustion du bois ou du charbon enlèvent la majeure partie de la chaleur.

**Gonflement des ballons par l'hydrogène.** — Le gaz hydrogène étant d'une très-faible densité, a été employé à gonfler les ballons. On se sert généralement aujourd'hui pour les ballons, comme pour l'éclairage, du gaz extrait de la houille, qui n'est pas de l'hydrogène pur, mais de l'hydrogène carboné : ce dernier gaz étant plus dense que l'hydrogène pur, nécessite des ballons d'une plus grande dimension; mais son prix moins élevé le rend plus avantageux.

**Mélange détonant.** — 1° On remplit un flacon de verre de 2 volumes d'hydrogène et de 1 volume d'oxygène; on l'enveloppe d'une serviette mouillée, puis on met le feu au gaz et on obtient une violente détonation, qui est due à ce que la vapeur d'eau formée étant à une température très-élevée, occupe un volume beaucoup plus considérable que le mélange gazeux, et quand elle se condense, l'air se précipite avec bruit pour en prendre la place. Cette expérience doit être faite avec précaution; car le verre est souvent brisé en mille pièces.

2° On remplit du mélange détonant un gazomètre (*fig. 7*), c'est-à-dire une cloche A de verre ou de métal, munie supérieurement d'un robinet B; on visse sur cette cloche une pièce de cuivre D, munie également d'un robinet et attachée au col d'une vessie qu'on a laissée tremper dans l'eau pendant quelques heures pour la ramollir; on aplatit d'avance la vessie autant que possible pour chasser l'air qu'elle contient. On ouvre les deux robinets et l'on appuie sur le gazomètre; la pression de l'eau chasse le mélange détonant dans la vessie; dès que celle-ci est gonflée, on ferme les deux robinets, puis on dévisse la vessie et l'on adapte à la garniture de cuivre D un

Fig. 7.

tube effilé. Mouillant ensuite l'extrémité de ce tube dans de l'eau de savon et pressant la vessie, on obtient des bulles de mélange détonant qui se détachent par une légère secousse et s'élèvent dans l'air par l'hydrogène qu'elles contiennent. A l'aide d'une bougie attachée au bout d'une baguette, on met le feu à ces bulles pendant qu'elles traversent l'air et l'on obtient autant d'explosions. Plongeant ensuite le tube dans une solution de savon contenue dans un mortier métallique et pressant la vessie, le mortier se remplit d'une foule de bulles de gaz; à l'aide de la baguette, on y met le feu et l'on obtient une détonation très-violente. Ces expériences n'offrent pas de danger si on a le soin de tenir constamment la flamme de la bougie éloignée du tube de la vessie; il serait très-imprudent d'approcher trop cette flamme; car la vessie détonerait avec une violence extrême, et pourrait blesser grièvement les personnes qui seraient atteintes par la projection du tube.

**Ferments chimique.** — Dans un flacon à deux tubulures (*fig.* 8) on introduit de l'eau et de la grenaille de zinc; puis par un tube à entonnoir plongeant dans l'eau du flacon, on introduit peu à peu l'acide sulfurique; l'hydrogène qui se dégage s'échappe par le second tube qui ne doit pas plonger dans l'eau. Ce tube est effilé supérieurement : on allume le jet de gaz à l'extrémité effilée, puis on enfonce par-dessus ce tube un autre cylindre de verre d'un plus grand diamètre : on entend alors un bruit uniforme assez singulier et qui varie de ton suivant la distance de la flamme aux parois, et suivant la longueur et le diamètre du cylindre.

Les chalumeaux à hydrogène et à mélange détonant sont une autre application dont il sera question à propos des métaux.

Fig. 8.

### Combinaisons de l'hydrogène avec l'oxygène.

L'hydrogène et l'oxygène se combinent en deux proportions et forment deux composés qu'on appelle le premier *protoxyde d'hydrogène* ou simplement *eau*, et le second *bioxyde d'hydrogène* ou *eau oxygénée*. Nous nous occuperons seulement du premier de ces composés, le second étant fort peu employé.

### Eau ou protoxyde d'hydrogène, $HO = 9$.

L'eau, dont tout le monde connaît l'utilité et les principales propriétés, n'est employée pure que dans les opérations chimiques et pharmaceutiques; on l'appelle alors *eau distillée*.

**Préparation de l'eau pure.** — L'eau qui sert de boisson et pour les usages ordinaires contient différents sels en solution. Pour l'obtenir pure, on la fait bouillir et l'on condense les vapeurs dans un ballon de verre froid, si l'on opère sur de petites quantités, ou dans un long tube traversant un vase plein d'eau froide, quand on opère sur des quantités plus considérables. Les sels, qui étaient en solution dans l'eau, restent dans le vase où l'eau s'est vaporisée. Cette opération s'appelle *distillation*.

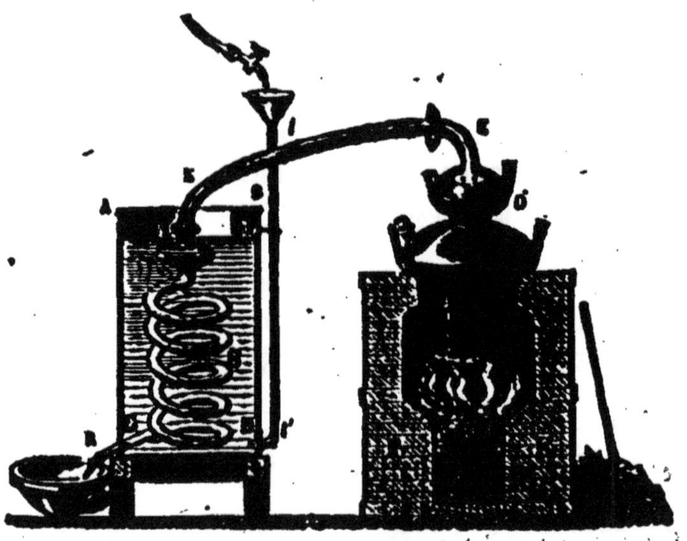

Fig. 9.

La distillation de grandes quantités d'eau se fait à l'aide d'un *alambic* (*fig. 9*). L'appareil se compose d'une cucurbite C, chaudière dans laquelle l'eau doit bouillir, d'un chapiteau D et d'un serpentin S, grand tube tourné en spirale et qui traverse le vase AGHB plein d'eau froide; l'extrémité du serpentin sort librement de ce vase en R. L'eau contenue dans la cucurbite étant portée à l'ébullition par le feu du fourneau FF, les vapeurs montent dans le chapiteau et se rendent ensuite dans le serpentin, où par le refroidissement elles se condensent; l'eau distillée provenant de la condensation de ces vapeurs s'échappe par l'extrémité R. Comme le serpentin chauffe graduellement l'eau du vase AGHB, il est néces-

saire de la renouveler : ce qui se fait par la partie inférieure H à l'aide du tube *tt'*. Cette eau froide est introduite par la partie inférieure du vase parce que les
couches d'eau les plus chaudes étant les plus légères,
montent à la partie supérieure et s'écoulent par un conduit ménagé à cet effet.

**Analyse de l'eau.** — L'analyse de l'eau, si l'on veut
l'étudier dans ses éléments, peut être faite en *volumes*
ou en *poids*.

1° *Analyse de l'eau en volumes.* On prend un vase de
verre (*fig.* 10) dont le fond est traversé par deux fils de
platine qui ne se touchent pas et qui
se terminent en dehors du verre par
deux crochets. On met dans ce vase
l'eau que l'on veut analyser, puis
on renverse sur chaque fil de platine une petite éprouvette également
pleine d'eau; on met alors les deux
crochets extérieurs en communication avec les rhéophores d'une pile,
et aussitôt l'eau se décompose, l'oxygène se dégage à l'extrémité du fil
de platine qui communique au pôle

fig. 10.

positif, et l'hydrogène à l'extrémité du fil communiquant
au pôle négatif. On remarque que l'éprouvette contenant
l'hydrogène contient deux fois plus de gaz que celle qui
contient l'oxygène, d'où l'on peut conclure que l'eau est
formée de 2 volumes d'hydrogène et de 1 volume d'oxygène. Cette expérience ne marche rapidement qu'autant
qu'on a le soin d'ajouter à l'eau une petite quantité
d'acide sulfurique.

2° *Analyse de l'eau en poids.* L'appareil dont on se
sert consiste en une cornue A (*fig.* 11) contenant l'eau
qui doit être analysée; cette cornue communique avec
un tube de porcelaine ED contenant du fer et traversant
un fourneau à réverbère; le tube de porcelaine est ter

miné par un tube abducteur. Après avoir chauffé au rouge le tube de porcelaine, on fait bouillir l'eau de la cornue A; la vapeur d'eau bouillante traversant le tube de porcelaine est décomposée par le fer qu'il contient, l'oxygène de l'eau se combine avec le fer et forme de l'oxyde de fer magnétique, l'hydrogène se dégage dans l'éprouvette B. En pesant la cornue avant et après l'expérience, on connaît la quantité d'eau réduite en vapeur; en pesant le fer avant et après, on connaît le poids de l'oxygène.

Fig. 11.

Pour trouver ensuite le poids de l'hydrogène, il suffit de retrancher le poids de l'oxygène de celui de l'eau décomposée. Toute la vapeur d'eau qui traverse le tube n'étant pas décomposée, il faut conduire l'hydrogène dans un vase froid avant de le laisser dégager : la vapeur qui a échappé à la décomposition se condensera dans ce vase, et pour connaître exactement le poids de l'eau décomposée, il faut du poids de l'eau réduite en vapeur déduire le poids de la vapeur qui a échappé à la décomposition. On a trouvé par cette analyse que 100 grammes d'eau sont formés de 88$^{gr}$,89 d'oxygène et de 11$^{gr}$,11 d'hydrogène, ce qui correspond à 1 équivalent d'oxygène = 8 et 1 équivalent d'hydrogène = 1, d'où la formule HO.

**Synthèse de l'eau.** — La composition de l'eau, ainsi reconnue par l'analyse, est encore démontrée par la synthèse; en effet, on forme de l'eau pure en combinant, par l'étincelle électrique ou par la chaleur, 2 volumes d'hydrogène avec 1 volume d'oxygène, ou encore 88$^{gr}$,89 d'oxygène avec 11$^{gr}$,11 d'hydrogène. L'expérience se fait avec l'*eudiomètre* (*fig.* 12), tube de verre à parois épaisses, qui est traversé à sa partie supérieure par une tige de cuivre ou de fer terminée par deux boutons. On opère sur l'eau ou sur la cuve à mercure. Quand on a introduit les gaz, on introduit aussi un fil métallique terminé par une boule, et, à l'aide de l'électrophore, on fait passer l'étincelle électrique à travers le mélange, qui s'enflamme en détonant, et les gaz se combinent en eau. Si l'on a mesuré ou pesé les gaz avant l'expérience, on trouve la même composition que par l'analyse.

Fig. 12.

**Propriétés de l'eau.** — L'eau, à la température ordinaire, est un liquide incolore, sans odeur, sans saveur; elle se congèle à 0° et entre en ébullition à 100° sous une pression de 0$^m$,76. Son maximum de densité est à 4°, c'est-à-dire qu'à cette température elle occupe moins de volume qu'à toute autre. La densité de l'eau, prise pour unité, sert à mesurer la densité des autres corps.

L'eau, en se congelant, occupe un volume plus considérable qu'à l'état liquide, et cette force de dilatation est énorme : c'est elle qui brise les vases dans lesquels l'eau se congèle. Les pierres poreuses sont fréquemment fendues l'hiver par la congélation de l'eau contenue dans leurs pores : on les appelle *pierres gélives*.

L'eau, à la température ordinaire, se réduit lentement

en vapeur, ou en d'autres termes elle s'évapore; cette vapeur forme les brouillards et les nuages, puis, condensée par un abaissement de température, elle retombe sur la terre en forme de pluie, de neige ou de grêle. La pluie est donc de l'eau distillée; mais cette eau en tombant dissout de l'air et une petite quantité d'acide carbonique qui est contenue dans l'atmosphère; ensuite l'eau de pluie, filtrant à travers les différentes couches de terre, dissout toutes les matières solubles qu'elle rencontre; c'est ainsi que l'eau des rivières, des fleuves, n'est jamais pure.

Si l'on soustrait l'eau à la pression atmosphérique, ou si on la chauffe dans un vase à l'air libre, elle se réduit en vapeur, dans le premier cas, à toutes les températures, dans le second, à 100°. Dans un vase fermé, on pourrait porter l'eau à une température plus élevée sans qu'il y eût formation de vapeur. L'eau à l'état de vapeur occupe un espace 1700 fois plus grand qu'à l'état liquide, en sorte qu'un litre d'eau donnerait 1700 litres de vapeur.

Pour que l'eau se vaporise à 100°, il faut qu'elle soit pure. Ordinairement elle renferme des gaz qui l'abandonnent dès qu'on la chauffe, et des substances solides en dissolution qui retardent le point où elle se vaporise, et dont on ne la prive, comme nous l'avons vu, que par la distillation.

Quand l'eau contient de l'acide carbonique libre, elle peut dissoudre de grandes quantités de carbonate de chaux; mais dès qu'elle perd cet acide carbonique, elle dépose son carbonate de chaux. C'est ainsi que certaines eaux se troublent dès qu'on les chauffe, parce qu'elles perdent alors l'acide carbonique libre. Elles le perdent encore quand elles sont répandues sur les corps en filets minces ou quand elles filtrent à travers certaines roches. Le carbonate de chaux qui se dépose alors forme les incrustations désignées improprement sous le nom de pétrification et les stalactites d'albâtre que l'on admire dans quelques grottes.

Les principales substances contenues dans l'eau qui sert aux usages ordinaires (eau de rivière, de citerne, de puits artésien, etc.) sont : le carbonate de chaux, le sulfate de chaux et le chlorure de sodium. Lorsque l'eau contient des quantités notables de sels calcaires, elle ne dissout pas le savon et est impropre à la cuisson des légumes.

On reconnaît que l'eau contient des sels de chaux en y versant quelques gouttes d'une solution d'oxalate d'ammoniaque. Il se forme un précipité blanc d'oxalate de chaux.

On reconnaît que l'eau contient des chlorures en y versant quelques gouttes d'une solution d'azotate d'argent, qui forme aussi un précipité blanc de chlorure d'argent.

Lorsque l'eau contient des substances en solution en quantités assez considérables pour lui communiquer une saveur et des propriétés particulières, on l'appelle *eau minérale*. Ainsi l'*eau de la mer* contient une grande quantité de chlorure de sodium, l'*eau de Sedlitz* contient du sulfate de magnésie, etc. La plupart des eaux minérales sont des médicaments énergiques, soit pour l'usage externe, soit pour l'usage interne.

**Usages de l'eau.** — Outre son emploi comme boisson, l'eau est un dissolvant d'une utilité incontestée, soit dans la préparation de nos aliments, soit pour la nutrition des plantes. A l'état solide, c'est-à-dire sous forme de glace, c'est un agent utile pour obtenir les froids artificiels; à l'état liquide, un moyen thérapeutique employé contre certaines maladies, un véhicule pour le transport des marchandises, une force motrice qui fait tourner les roues d'un moulin à eau ou de nombreuses usines; à l'état de vapeur, une force motrice encore plus puissante qu'à l'état liquide, force utilisée de nos jours dans les locomotives des chemins de fer, dans la navigation à la vapeur, dans les mécaniques de toute espèce dont se sert l'industrie.

# CHAPITRE II.

Azote, ses propriétés, sa préparation. — Mélange d'azote et d'oxygène : air atmosphérique. Composition, analyse et propriétés de l'air. — Phénomènes qui peuvent altérer la composition de l'air. — Usages de l'air. — Combinaison de l'azote avec l'oxygène : acide azotique. — Combinaison de l'azote avec l'hydrogène : ammoniaque.

## Azote, $Az = 14$.

**Propriétés de l'azote.** — L'*azote* est un corps simple, un gaz permanent sans couleur, sans odeur, sans saveur ; sa densité est 0,972. Il éteint une bougie allumée et ne brûle pas ; il n'a aucune action sur la teinture de tournesol et sur l'eau de chaux : ce qui le distingue du gaz acide carbonique, que l'on étudiera plus loin et qui rougit la teinture de tournesol et blanchit l'eau de chaux. L'azote n'est pas délétère, mais il est impropre à la respiration : un oiseau plongé dans ce gaz y meurt non pas empoisonné, mais seulement faute d'oxygène.

**Préparation.** — On prépare le gaz azote par différents procédés, mais celui que l'on emploie le plus fréquemment consiste à enlever l'oxygène de l'air par la combustion du phosphore.

On place sur l'eau une rondelle de liége dans laquelle on a pratiqué un creux capable de maintenir facilement une petite capsule de porcelaine contenant un morceau de phosphore (*fig.* 13) ; on allume le phosphore, puis on recouvre le liége d'une cloche de verre remplie naturellement d'air, et l'on enfonce de quelques centimètres les bords de cette cloche

Fig. 13.

dans l'eau. L'air est un mélange d'azote et d'oxygène;
le phosphore en brûlant se combine avec l'oxygène de
l'air et forme des vapeurs blanches d'acide phosphorique qui restent d'abord dans la cloche mêlées avec
l'azote; peu à peu ces vapeurs se dissolvent dans l'eau,
et la cloche redevient transparente : elle ne renferme
plus alors que de l'azote, que l'on fait passer dans des
éprouvettes remplies d'eau et maintenues renversées
dans le liquide; il suffit pour cela d'incliner la cloche
sous ces éprouvettes.

On obtient encore de l'azote en dirigeant lentement
un courant d'air à travers un tube de porcelaine chauffé
au rouge et contenant du cuivre; l'oxygène se combine
avec le cuivre et forme une poudre brune (oxyde de
cuivre) qui reste dans le tube, l'azote seul se dégage.
Si l'on tient à ce que l'azote soit très-pur, il faut débarrasser l'air de l'acide carbonique et de la vapeur d'eau
qu'il contient.

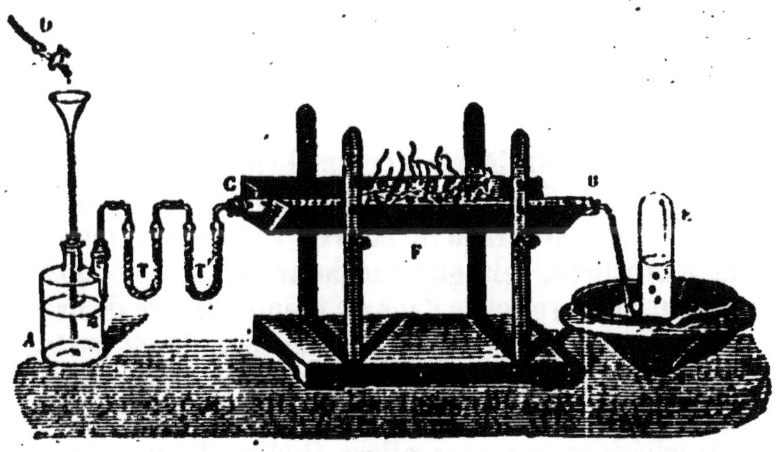

Fig. 14.

L'appareil peut être disposé comme l'indique la
*fig*. 14. A est un grand flacon à deux tubulures plein
d'air; l'une des tubulures contient un tube droit terminé supérieurement en entonnoir; l'autre tubulure
communique avec deux tubes en U, dont le premier T

contient des fragments de pierre ponce imbibés d'une solution de potasse caustique, et dont le second T' contient des fragments de pierre ponce imbibés d'acide sulfurique concentré ; T' communique avec un long tube de porcelaine CB contenant de la tournure de cuivre et chauffé au rouge sur une grille en fer F que l'on remplit de charbons allumés ; enfin du tube de porcelaine CB part un tube abducteur communiquant avec l'éprouvette pleine d'eau E. En versant par le robinet D de l'eau dans l'entonnoir, ce liquide déplace l'air du flacon A et le chasse à travers tout l'appareil ; cet air passant dans le tube T abandonne son acide carbonique qui forme du carbonate de potasse ; passant ensuite dans le tube T', il est desséché par l'acide sulfurique qui retient sa vapeur d'eau ; il arrive par conséquent pur dans le tube de porcelaine, où il cède son oxygène au cuivre, qui se transforme ainsi en oxyde de cuivre, et l'azote seul et pur se rend dans l'éprouvette E.

On peut encore obtenir l'azote en décomposant l'ammoniaque par le chlore, ou bien en décomposant par la chaleur l'azotite d'ammoniaque.

**Usages.** — L'azote pur n'est employé que dans les laboratoires. A l'état de combinaison, il entre comme élément dans un grand nombre de composés d'une utilité journalière, tels que l'acide azotique, l'ammoniaque, etc. On le retrouve dans un grand nombre de tissus animaux et végétaux ; c'est lui qui leur donne surtout leurs propriétés nutritives et fécondantes. Mélangé avec l'oxygène, il constitue pour les quatre cinquièmes l'air atmosphérique que nous allons étudier, à cause de son importance, avant toute autre combinaison.

## Mélange d'azote et d'oxygène.

L'*air atmosphérique* est un mélange d'azote et d'oxygène, contenant une très-petite quantité d'acide carbonique et une quantité variable de vapeur d'eau.

Il forme une couche d'environ 70 à 80 kilomètres qui enveloppe complétement la terre, et dont on peut évaluer la pression à l'aide du baromètre[1].

**Analyse de l'air.** — L'analyse de l'air peut être faite en *volume* ou en *poids*.

1° *Analyse en volume.* On analyse facilement l'air en volume en mesurant, dans une cloche graduée, 100 volumes d'air et en laissant séjourner dans cette cloche un bâton de phosphore jusqu'à ce qu'il ne soit plus lumineux dans l'obscurité : le phosphore brûlant lentement absorbe l'oxygène de l'air et se convertit en acide phosphoreux, tandis que l'azote reste libre et ne forme plus qu'un volume représenté par 79. Donc l'air est formé de 79 volumes d'azote et 21 volumes d'oxygène.

2° *Analyse en poids.* On fait l'analyse de l'air en poids à l'aide de l'appareil suivant :

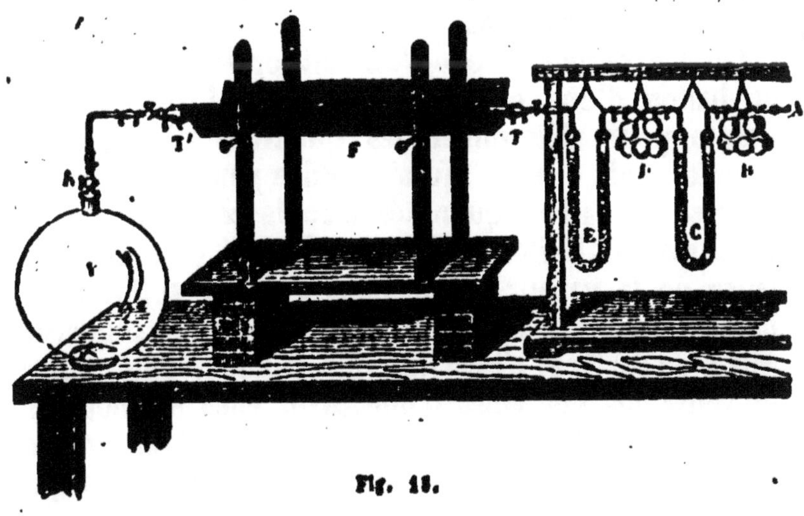

Fig. 11.

1. Voir les *Notions de Physique.*

L'appareil à cinq boules de Liebig B et le tube C (*fig.* 15) contiennent de la potasse caustique en solution dans l'eau pour l'appareil à boules, et en fragments dans le tube en U ; l'appareil à boules D et le tube E contiennent de l'acide sulfurique ; E communique avec un tube de porcelaine contenant du cuivre chauffé au rouge sur la grille F, et ce tube de porcelaine communique avec un ballon V dans lequel on a fait le vide par la machine pneumatique[1]. Dès que le robinet R est ouvert, la pression atmosphérique chasse l'air par l'extrémité A à travers tout l'appareil ; cet air abandonne son acide carbonique dans la potasse, et sa vapeur d'eau dans l'acide sulfurique ; son oxygène se combine avec le cuivre du tube de porcelaine, et l'azote se rend dans le ballon V. On pèse séparément, avant et après l'expérience, le ballon V et le tube de porcelaine contenant le cuivre ; l'augmentation de poids du ballon donne le poids de l'azote, et l'augmentation de poids du tube de porcelaine donne le poids de l'oxygène ; l'addition de ces deux poids donne la quantité d'air pur décomposé. C'est ainsi qu'on a trouvé que 100 grammes d'air pur sont formés de 77 grammes d'azote et de 23 grammes d'oxygène.

Cette expérience, que l'on fait ordinairement avec un ballon d'une capacité de 10 à 12 litres, est suffisante pour déterminer les quantités d'oxygène et d'azote, mais elle ne saurait suffire pour évaluer avec justesse les faibles quantités d'acide carbonique et de vapeur d'eau. Si l'on voulait simplement prouver l'existence de la vapeur d'eau dans l'air, il suffirait d'y plonger un corps froid : la vapeur d'eau se condenserait à sa surface ; c'est ainsi que pendant l'été, quand on retire des bouteilles d'une cave, elles se mouillent extérieurement par le contact de l'air. Pour prouver l'existence de l'acide carbonique dans l'air, on n'a qu'à

1. Voir les *Notions de Physique.*

laisser l'air en contact avec de l'eau de chaux contenue dans un vase ouvert : la chaux absorbe l'acide carbonique et forme bientôt à la surface du liquide une pellicule blanche de carbonate de chaux ; cette pellicule se crève, tombe au fond du vase et se trouve bientôt remplacée par une autre. On peut employer ce moyen pour purifier l'air d'une pièce où une ventilation serait impossible à établir et dans laquelle on serait forcé de séjourner longtemps.

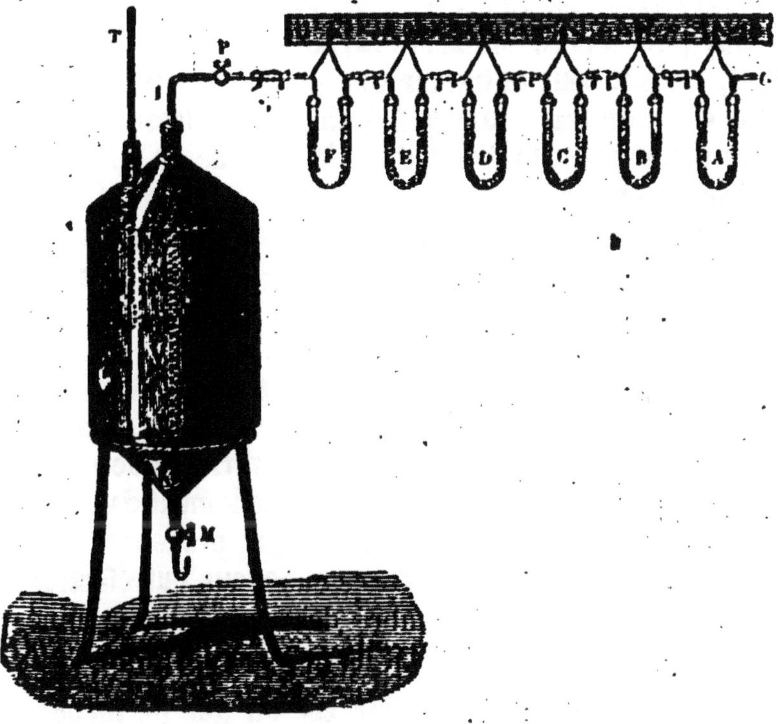


fig. 16.

Pour mesurer exactement les quantités d'acide carbonique et de vapeur d'eau contenues dans l'air, on se sert d'un grand vase aspirateur V de 100 à 200 litres de capacité (fig. 16). Ce vase, plein d'eau, est muni d'un robinet M à la partie inférieure ; un thermomètre T indique la température ; le vase communique, par le tube KIP, avec les tubes F, E, D, C, B, A; un robinet P permet d'établir ou d'interrompre à volonté cette communication. Les tubes A, B, E, F contiennent de la pierre ponce imbibée d'acide sulfurique concentré, et les tubes D, C contiennent de la pierre ponce arrosée d'une solution de potasse caustique. On ouvre les robinets M et P, l'eau s'écoule en M et forme ainsi le vide dans le vase aspirateur; alors la pression atmosphérique chasse l'air extérieur par l'extrémité G à travers tous les tubes jusque dans le vase aspirateur; cet air, en traversant les tubes A et B, abandonne sa vapeur d'eau, puis il perd son acide carbonique dans les tubes C, D, mais il peut entraîner une petite quantité de vapeur d'eau en traversant la solution de potasse; il perd cette petite quantité d'eau dans le tube E; le tube F ne sert qu'à retenir la vapeur qui pourrait provenir du vase aspirateur. La quantité d'air analysée est donnée par la quantité d'eau qui s'écoule du vase V. On a trouvé ainsi que l'air contient environ 4 dix-millièmes d'acide carbonique et une quantité variable de vapeur d'eau.

Ainsi l'on peut dire que l'air respirable est formé d'un mélange d'oxygène et d'azote, d'une faible quantité d'acide carbonique et d'une quantité variable de vapeur d'eau; mais on trouve encore accidentellement dans l'air une foule d'autres corps, soit des gaz provenant de la combustion de différents corps ou de leur putréfaction, soit même un grand nombre de corps solides, minéraux ou organiques, à l'état de poussière très-fine, etc.

**Propriétés de l'air.** — L'air est un gaz permanent, incolore, inodore, sans saveur; son poids spécifique est 1. C'est le seul gaz qui convienne à la respiration.

L'atmosphère exerce à la surface des corps une pression variable et qui est évaluée par le baromètre[1]. Mariotte a démontré que les volumes occupés par l'air sont en raison inverse des pressions qu'il éprouve, et cette

1. Voir les *Notions de Physique*.

propriété est utilisée dans les manomètres[1]. Un litre d'air à la température 0° et à la pression 0^m,76 pèse 1^gr,29 ; or, le même volume d'eau pèse 1000 grammes : donc le poids d'un litre d'air est environ 770 fois moindre que le poids du même volume d'eau.

L'air est légèrement soluble dans l'eau, et l'on peut facilement retirer l'air que l'eau contient en solution ; il suffit de chauffer un ballon de verre muni d'un tube abducteur s'engageant dans une cuve à mercure : le ballon et le tube doivent être entièrement remplis d'eau ; on reçoit l'air qui se dégage dans une éprouvette remplie de mercure ; cet air n'a pas la même composition que l'air atmosphérique, il contient une proportion d'oxygène plus considérable.

L'oxygène de l'air se combine avec le carbone et l'hydrogène des combustibles (bois, houille, suif, etc.) et forme de l'acide carbonique et de la vapeur d'eau.

L'oxygène se combine souvent à la température ordinaire ou à une température plus ou moins élevée avec les métaux et les transforme en oxydes.

L'atmosphère est souvent électrisée, en temps d'orage surtout, et il se forme de l'ozone. Or, l'ozone oxyde à froid les métaux oxydables, et, sous l'influence de l'eau, l'iode, le chlore et le brome ; il décompose les iodures alcalins, enlève aux matières colorantes leur couleur, change l'ammoniaque en acide azotique et peut faire détoner certains corps fulminants, comme on l'a constaté pour le picrate de potasse.

**Phénomènes qui peuvent altérer la composition de l'air.** —Parmi les nombreux phénomènes qui peuvent changer la composition de l'air, il en est deux principaux qu'il est important de connaître : ce sont la *combustion des corps* et la *respiration des animaux et des plantes.*

1° *Combustion des corps.* On distingue deux espèces de combustion, selon qu'elle est rapide ou lente.

La *combustion rapide* est une combinaison chimique

---

1. Voir les *Notions de Physique.*

avec dégagement de chaleur et de lumière. Presque toujours cette combustion résulte de la combinaison rapide de l'oxygène avec les corps; cependant il peut y avoir combustion sans oxygène. Ainsi, quand on projette de la poudre d'antimoine ou de la poudre d'arsenic dans un flacon rempli de gaz chlore, ces poudres prennent feu en tombant dans ce flacon; il y a combustion par la combinaison rapide du chlore avec ces corps pour former du chlorure d'antimoine ou d'arsenic.

On donne le nom de *combustion lente* à la combinaison des corps avec l'oxygène sans production de beaucoup de chaleur et sans lumière. Ainsi une barre de fer exposée à l'air humide se recouvre de *rouille*, qui est du sesquioxyde de fer hydraté; cette oxydation du fer est une combustion lente.

Une flamme résulte de la combustion rapide de deux corps gazeux ou en vapeur; exemple : la flamme d'une bougie. En allumant une bougie, une partie de la cire devient liquide et monte dans la mèche par un effet de capillarité[1]. Par la chaleur qui se développe, le peu de liquide monté dans la mèche est réduit en gaz; ce gaz brûle au contact de l'air en se combinant avec l'oxygène et forme de l'eau et de l'acide carbonique. Aussi la flamme n'est-elle qu'à l'extérieur d'une espèce de double cône de gaz qui entoure la mèche; cette flamme produit assez de chaleur pour fondre une nouvelle quantité de cire qui monte à son tour dans la mèche par la capillarité, et la combustion continue. Si l'on met au-dessus de la flamme d'une bougie ou d'une lampe un corps froid, on le verra bientôt se recouvrir de noir de fumée qui provient d'une certaine quantité de carbone qui n'a pu brûler dans la flamme, parce qu'il n'y avait pas pour cela une quantité suffisante d'oxygène. Ce dépôt noir existe encore, mais en quantité moins grande, en surmontant les lampes d'un verre qui établit un tirage assez énergique et fait passer

---

1. Voir les *Notions de Physique*.

dans un temps donné une plus grande quantité d'air sur la flamme. Si le tirage était encore plus énergique, ou plutôt si l'on dirigeait sur la flamme un courant d'oxygène pur, le dépôt noir ne se ferait plus, parce qu'alors tout le carbone serait brûlé; mais on remarquerait dans ce cas une diminution notable dans l'éclairage. En effet, la lumière que jette une flamme ne provient que des corps solides en suspension dans la flamme et chauffés à une haute température par la combustion des gaz. Il est facile de comprendre maintenant pourquoi certains gaz en brûlant ne produisent que peu de lumière : c'est qu'alors leur flamme ne contient pas de corps fixe. Ainsi l'hydrogène pur en brûlant ne forme que de la vapeur d'eau et ne contient aucun solide : aussi l'hydrogène éclaire mal. Le gaz d'éclairage, qui est une combinaison d'hydrogène et de carbone forme en brûlant des corps qui sont aussi gazeux (vapeur d'eau et acide carbonique), mais le gaz d'éclairage possède un excès de carbone qui ne brûle pas et qui forme au-dessus des becs de gaz un dépôt noir sur les corps froids; c'est à la présence du carbone dans la flamme de ce gaz qu'il faut attribuer son bel éclairage.

*2° Respiration des animaux et des plantes.* La respiration des animaux change à chaque instant la composition de l'air, et la respiration des plantes rétablit, au contraire, cette composition dans son état primitif.

La respiration des animaux remplace l'oxygène de l'air par du gaz acide carbonique.

La respiration des plantes remplace, au contraire, l'acide carbonique de l'air par de l'oxygène, mêlé, il est vrai, à de l'oxyde de carbone. C'est ainsi du moins que les plantes agissent pendant le jour, mais pendant la nuit elles rejettent un peu d'acide carbonique. Aussi ne faut-il jamais laisser de grandes quantités de plantes pendant la nuit dans une chambre à coucher, surtout quand elle est petite; car l'homme a besoin d'environ 8 mètres cubes d'air par heure pour respirer librement, ce qui fait déjà 64 mètres cubes pour 8 heures. Dans la construction d'une salle de théâtre ou de tout local devant contenir une grande réunion de personnes, on doit disposer des ventilateurs de façon à ce que la quantité d'air qui traverse la salle par heure puisse au moins égaler celle qui est nécessaire à la respiration de chaque personne.

**Usages de l'air.** — Les usages de l'air sont très-nombreux, et la plupart sont connus de tout le monde. L'air sert continuellement à la respiration des animaux par son oxygène, à la nutrition des plantes par l'oxygène, l'azote et l'acide carbonique, et enfin à la combustion. L'oxygène lui est encore enlevé par l'industrie pour la composition de divers produits, comme il sera dit par la suite. Il sert à mesurer la force élastique des gaz et des vapeurs au moyen des manomètres. Les courants d'air servent à faire marcher les vaisseaux dans la navigation à voiles, à faire tourner les moulins, à enlever la poussière du grain, à sécher les corps, etc. On a essayé d'utiliser la pression de l'atmosphère dans les chemins de fer dits atmosphériques[1].

### Combinaison de l'azote avec l'oxygène.

L'azote et l'oxygène forment cinq composés :

| | |
|---|---|
| Protoxyde d'azote, | $AzO = 22.$ |
| Bioxyde d'azote, | $AzO^2 = 30.$ |
| Acide azoteux, | $AzO^3 = 38.$ |
| Acide hypoazotique, | $AzO^4 = 46.$ |
| Acide azotique, | $AzO^5 = 54.$ |

*L'acide azotique* est le seul composé d'azote et d'oxygène qui ait de nombreuses applications.

Indépendamment des cinq composés que l'azote forme avec l'oxygène, on a déjà vu qu'il forme encore avec le même gaz un mélange qui est l'air atmosphérique.

1. Voir les *Notions de Physique.*

## Acide azotique, $AzO^5 = 54$.

**Propriétés de l'acide azotique.** — *L'acide azotique*, encore nommé *acide nitrique* ou *eau-forte*, est un liquide incolore, d'une odeur forte et piquante, répandant des fumées blanches au contact de l'air, quand il est très-concentré. Il brûle la peau et la tache en jaune; la tache ne disparaît que par le renouvellement de l'épiderme. Cet acide est facile à reconnaître; il suffit pour cela d'en verser quelques gouttes sur de la tournure de cuivre : aussitôt il se dégage du gaz bioxyde d'azote incolore, mais qui, au contact de l'air, se transforme de suite en vapeurs rutilantes d'acide hypoazotique.

Quand l'acide azotique est à son maximum de concentration, il retient un équivalent d'eau $(HO, AzO^5)$; il a alors pour densité 1,522, pour équivalent 63, et bout à 86°. Mais il retient souvent 4 équivalents d'eau; il a alors pour densité 1,42, pour équivalent 90, et bout à 123°.

L'acide azotique détruit l'indigo, tandis que l'acide sulfurique dissout cette matière colorante; aussi est-il important d'employer pour les dissolutions d'indigo de l'acide sulfurique qui ne contienne pas d'acide azotique.

L'acide azotique attaque le cuivre : une partie de l'acide se décompose en bioxyde d'azote et fournit de l'oxygène au cuivre qui se transforme en oxyde de cuivre; l'autre partie se combine avec l'oxyde de cuivre et forme de l'azotate de cuivre soluble dans l'eau. Il est facile d'obtenir ainsi sur une plaque de cuivre des caractères en relief; il suffit de dessiner ces caractères sur la plaque avec un vernis inattaquable par l'acide azotique, et de la tremper ensuite dans l'acide étendu d'eau : le cuivre est dissous partout où le vernis ne le préserve pas de l'action de l'acide, de sorte qu'en lavant ensuite la plaque, les caractères restent en relief et peuvent servir à imprimer si on les a dessinés renversés.

Souvent l'acide azotique est coloré parce qu'il tient en dissolution de l'acide hypoazotique; il suffit alors de le chauffer modérément pour le blanchir : l'acide hypoazotique se dégage et il reste un liquide incolore.

L'acide azotique se décompose lorsqu'on cherche à lui enlever complétement l'eau avec laquelle il est combiné; il se transforme alors en acide hypoazotique et en oxygène :

$$AzO^5 = AzO^4 + O.$$

Cependant on peut remplacer l'eau par une base; ainsi l'azotate de plomb sec ne retient pas l'eau et a pour formule :

$$PbO, AzO^5.$$

**Préparation.** — On prépare l'acide azotique en décomposant l'azotate de potasse, mais surtout l'azotate de soude par l'acide sulfurique étendu d'eau.

*Réaction :*

| Azotate de soude { | Acide azotique............... | | Acide azotique hydraté. |
|---|---|---|---|
| | Soude...... Sulfate de | | |
| Acide sulfurique........... | soude. | | |
| Eau ....................... ......... ................ | | | |

L'acide sulfurique s'empare de la soude ou de la potasse et forme du sulfate de soude ou du sulfate de potasse : l'acide azotique combiné avec l'eau se dégage.

On introduit l'azotate de soude ou l'azotate de potasse dans une cornue de verre (*fig.* 17), et l'on ajoute de l'acide sulfurique ordinaire; on fait communiquer cette cornue avec un ballon recouvert d'un linge sur lequel on maintient un courant d'eau froide à l'aide d'un seau muni d'un robinet. En chauffant la cornue, la réaction indiquée plus haut a lieu, et les vapeurs d'acide azotique se condensent dans le ballon froid. Au commencement il se dégage des vapeurs rutilantes provenant de ce que les premières portions d'acide se dégagent sans

3.

eau et se décomposent en acide hypoazotique et en oxygène; à la fin les vapeurs rouges reparaissent parce que la température est trop élevée et décompose l'acide azotique. Pour avoir l'acide incolore, il faut rejeter les premières et les dernières parties de la distillation : on chauffe ensuite le liquide pour le blanchir, la chaleur faisant évaporer la faible quantité d'acide hypoazotique qu'il aurait pu retenir.

Fig. 17.

Dans l'industrie, on prépare à la fois de grandes quantités d'acide azotique; au lieu de cornues de verre, on se sert de cylindres de fonte et l'on condense les vapeurs dans des bombonnes.

Les équations suivantes représentent les réactions, selon que l'on emploie l'azotate de potasse ou l'azotate de soude :

$$KO,AzO^5 + SO^3,HO = KO,SO^3 + AzO^5,HO.$$
$$NaO,AzO^5 + SO^3,HO = NaO,SO^3 + AzO^5,HO.$$

On peut obtenir l'acide azotique anhydre, c'est-à-dire sans eau; il est alors solide, mais très-peu stable, et dans cet état il n'est pas employé.

**Usages.** — L'acide azotique sert à graver sur cuivre ou sur acier dans la gravure sur métaux, sur pierre dans la lithographie, à fabriquer l'acide sulfurique, à dédorer le cuivre et le laiton dorés, à former la pierre infernale (azotate d'argent), à préparer l'acide oxalique, le collodion, etc. En médecine, il sert à détruire les verrues; on l'emploie également pour aciduler quelques tisanes.

L'acide azotique faible sert à teindre en jaune la soie et les plumes. Si après avoir teint ces substances on les lave à grande eau, puis qu'on les plonge dans une solution d'ammoniaque (alcali volatil) on obtient une belle couleur orangée. L'acide azotique concentré se combine avec le coton cardé et le convertit en coton-poudre, pyroxyline ou coton azotique, doué des mêmes propriétés détonantes que la poudre de guerre.

### Combinaison de l'azote avec l'hydrogène.

L'azote et l'hydrogène forment un seul composé fort employé et connu sous les noms d'*ammoniaque* ou *alcali volatil.*

### Ammoniaque, $AzH^3 = 17.$

**Propriétés de l'ammoniaque.** — L'*ammoniaque* ou *hydrogène azoté* est un gaz incolore, d'une odeur ūrineuse, vive, piquante, affectant les yeux et provoquant les larmes; sa densité est 0,591. Ce gaz se liquéfie par un froid de — 40°, ou même à + 10° sous une pression de 6 atmosphères et demie. Une bougie allumée s'éteint dans une éprouvette d'ammoniaque et le gaz ne brûle pas; cependant on peut allumer dans le gaz oxygène un mince filet d'ammoniaque, qui brûle alors avec une flamme jaune. L'ammoniaque ramène au bleu le tournesol rougi par un acide et verdit le sirop de violettes.

On peut reconnaître le moindre dégagement d'ammoniaque : 1° à son odeur; 2° à ce qu'il ramène au bleu un papier réactif rouge, propriété qui n'appartient qu'à ce seul gaz; 3° à ce qu'une baguette de verre que l'on a d'abord trempée dans l'acide chlorhydrique répand d'abondantes vapeurs blanches partout où l'ammoniaque se dégage.

Un litre d'eau à 0° peut disssoudre jusqu'à 1049 litres de gaz ammoniac; cette solution est incolore et possède toutes les propriétés du gaz lui-même; elle est ordinairement employée sous les noms d'*ammoniaque* ou d'*alcali volatil*.

Pour démontrer la grande solubilité de l'ammoniaque, on recueille sur la cuve à mercure une éprouvette de ce gaz, on ferme l'éprouvette par une soucoupe contenant du mercure, et on pose le tout au fond d'un vase contenant de l'eau; dès qu'on soulève l'éprouvette, en laissant la soucoupe au fond du vase, l'eau s'élance avec tant de rapidité que presque toujours le choc brise le verre.

Quand on fait passer l'ammoniaque à travers un tube de porcelaine contenant du cuivre et chauffé au rouge, le gaz est décomposé en hydrogène et en azote, et le cuivre devient friable entre les doigts.

Une série d'étincelles électriques décompose également l'ammoniaque en hydrogène et en azote.

**Préparation.** — Dans les laboratoires, on prépare le gaz sec et la solution d'ammoniaque.

1° Pour obtenir le gaz sec, on décompose le chlorhydrate d'ammoniaque par la chaux vive, et l'on fait passer le gaz à travers un tube contenant des fragments de potasse caustique pour absorber la vapeur d'eau qui s'est formée; le gaz est recueilli sur la cuve à mercure.

*Réaction :*
Chlorhydrate d'ammoniaque. { Ammoniaque.
Acide chlorhydrique. { Hydrogène............
Chlore.... Chlorure de calcium. } Eau.
Chaux vive........................ { Calcium.
Oxygène................

L'acide chlorhydrique et la chaux se décomposent et forment du chlorure de calcium et de l'eau; l'ammoniaque se dégage.

L'équation suivante rend compte de la réaction :

$$AzH^3, HCl + CaO = CaCl + HO + AzH^3.$$

On introduit dans un ballon de verre M (*fig.* 18) la chaux vive et le chlorhydrate d'ammoniaque pulvérisés séparément, on agite les poudres pour les mélanger, puis on fait communiquer le ballon M par un tube *t* avec un tube *u* contenant de la potasse caustique, on engage le tube abducteur *t'* dans la cuve à mercure C, et on chauffe légèrement : le dégagement, qui commence même à froid, ne tarde pas à être très-rapide. On recueille le gaz dans une éprouvette E.

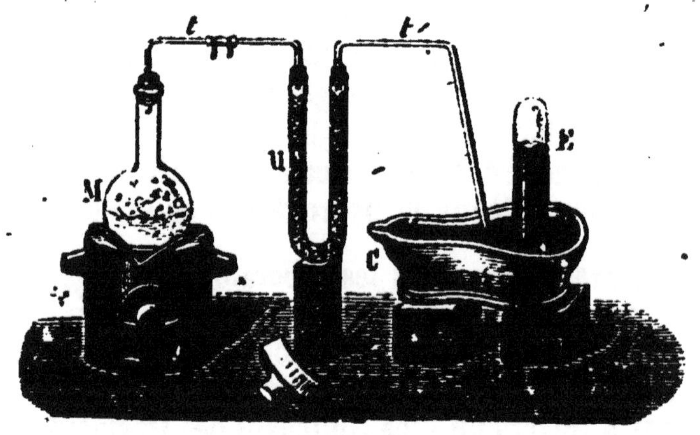


Fig. 19.

2° Pour préparer la solution d'ammoniaque ou alcali volatil, on se sert de chaux hydratée au lieu de chaux vive; on emploie l'appareil (*fig.* 19) appelé, du nom de son inventeur, appareil de Woolf, qui dirige le gaz dans une série de flacons contenant de l'eau.

Le gaz, qui se dégage du ballon, sature successivement l'eau de tous les flacons A, B, C.

La solution doit toujours être conservée dans des

flacons fermés hermétiquement; car au contact de l'air
le gaz s'échappe. Il ne faut pas non plus approcher les
flacons du feu ou les exposer au soleil; le gaz se déga-
gerait rapidement et briserait les vases si le bouchon ne
cédait pas.

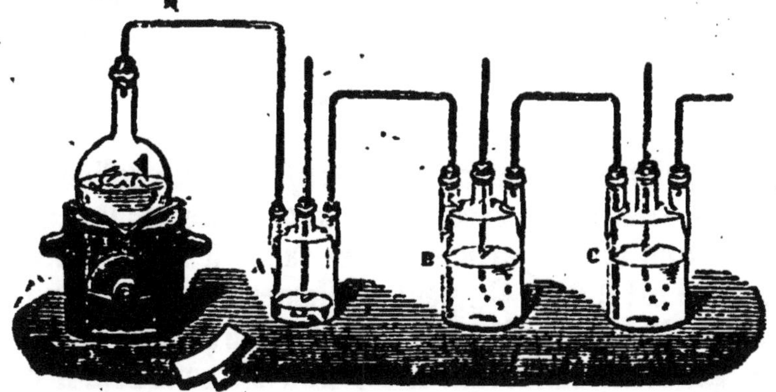

Fig. 19.

**Usages.** — Respirée en petite quantité, l'ammoniaque
rappelle à elles les personnes tombées en syncope. L'alcali volatil mis sur la morsure d'une vipère, sur la piqûre
d'une abeille ou d'un insecte quelconque, en empêche les
effets venimeux. Appliqué immédiatement sur une brû-
lure, il empêche la formation des cloches ou phlyctènes.
Quelques gouttes d'alcali volatil dans un verre d'eau sucrée peuvent être données avec succès pour dissiper rapidement les effets de l'ivresse. Administré aux animaux
herbivores, il fait disparaître le gonflement ou empanse-
ment qu'ils éprouvent souvent après avoir mangé des
luzernes fraîches. On l'emploie pour la coloration de
l'orseille. Enfin, dans les laboratoires, il est très-utilisé
comme réactif.

# CHAPITRE III.

Soufre, ses propriétés, sa préparation, ses usages. — Combinaisons du soufre avec l'oxygène : acide sulfureux, acide sulfurique. — Combinaisons du soufre avec l'hydrogène : acide sulfhydrique.

## Soufre, $S = 16$.

**Propriétés du soufre.** — Le *soufre* est un solide jaune citron, sans odeur, excepté quand on le frotte ; il acquiert alors une odeur particulière et facile à reconnaître. Sa densité est 2,087. On peut facilement l'allumer au contact de l'air : il brûle avec une flamme bleuâtre et forme du gaz acide sulfureux. Il est mauvais conducteur de la chaleur ; quand on le tient dans la main, il fait entendre un craquement qu'on appelle *cri du soufre* : ce qui provient de ce que les molécules touchées se dilatent et se séparent des molécules intérieures qui ne sont point échauffées et ne se dilatent pas.

Quand on tient à la main un bâton de soufre et qu'on le frotte, il s'électrise ; mais il est mauvais conducteur de l'électricité. Il est insoluble dans l'eau, mais il se dissout facilement dans le sulfure de carbone, l'essence de térébenthine, la benzine, etc.

Quand on chauffe le soufre dans un vase de verre, on le voit bientôt fondre, vers 111° ; il forme alors un liquide jaune et qui coule comme de l'huile. Si on continue à le chauffer, il s'épaissit, et à 220° il est pâteux ; on peut retourner le vase, il ne coule plus, sa couleur est devenue foncée. En élevant davantage la température, le soufre redevient liquide, et vers 400° il entre en ébullition.

Quand on verse dans l'eau du soufre parfaitement liquide, il redevient cassant comme il l'était avant sa fusion ; mais s'il est versé dans l'eau quand il est épais comme un sirop, il reste pendant quelque temps mou et élastique.

On peut faire cristalliser le soufre de deux manières différentes : 1° en évaporant sa dissolution dans le sulfure de carbone ou dans la benzine ; 2° en le fondant dans un creuset de terre, le retirant du feu dès qu'il est liquide, perçant la croûte qui se forme à la surface pendant le refroidissement et tournant le vase pour laisser écouler ce qui est encore liquide. Dans le premier cas, on a des octaèdres droits, dans le second des prismes obliques, les uns et les autres à base rhomboïdale ; et comme ces deux formes appartiennent à deux systèmes cristallins différents, on dit que le soufre est un corps *dimorphe*.

**Préparation.** — Le soufre se trouve à l'état de combinaison avec presque tous les métaux, dans un grand nombre de plantes et dans certaines matières animales, telles que les œufs, la laine, etc. A l'état natif, il existe en masses aux environs des volcans, mêlé avec de la terre, et c'est de là qu'on le retire principalement. Dans le royaume de Naples à la *solfatare*, et en Sicile dans le voisinage de l'Etna, on chauffe le mélange, le soufre fond et la terre se dépose ; on enlève le soufre liquide avec une cuiller de fer et on le laisse refroidir : c'est le soufre impur qu'on trouve dans le commerce sous le nom de *soufre brut*. Pour le purifier, on le distille et on fait passer peu à peu les vapeurs dans de grandes chambres. Si les vapeurs se refroidissent avant d'arriver contre les murailles, elles forment au fond de la chambre une poudre très-fine qu'on enlève à la pelle et qu'on appelle *fleur de soufre*.

Si, au contraire, on fait arriver les vapeurs en grande quantité, dès que la chambre est chauffée à 111° le soufre ne se solidifie plus, il reste liquide : on le soutire alors dans des moules de bois ou de tôle ayant la forme d'un cône tronqué ; en les retournant, il en sort des *canons de soufre*.

**Usages.** — Le soufre est un des corps les plus employés. Il sert à la fabrication des allumettes, de la poudre à canon, de l'acide sulfureux, de l'acide sulfurique, de quelques sulfures, etc. On l'emploie encore pour blanchir la laine, la soie, la paille, pour obtenir des empreintes, mouler des médailles, sceller des barres de fer dans les pierres. Projeté en fleur de soufre sur la vigne, il la préserve de la maladie causée par l'oïdium. Enfin, le soufre entre dans plusieurs préparations usitées en médecine, surtout pour guérir les maladies de la peau.

Le soufre fournit un excellent moyen pour éteindre les feux de cheminée. Il suffit de jeter dans le feu une poignée de fleur de soufre en fermant le devant de la cheminée avec un drap mouillé, et l'acide sulfureux qui se forme éteint le feu en privant d'oxygène le combustible.

### Combinaisons du soufre avec l'oxygène.

Le soufre forme avec l'oxygène sept acides différents, dont les deux principaux sont *l'acide sulfureux* et *l'acide sulfurique.*

### Acide sulfureux, $SO^2 = 32$.

**Propriétés de l'acide sulfureux.** — L'acide *sulfureux* est un gaz incolore, d'une odeur suffocante et caractéristique ; de petites quantités de ce gaz provoquent la toux. Sa densité est 2,234. Il est incombustible ; une bougie allumée s'éteint rapidement dans ce gaz et ne peut plus se rallumer comme lorsqu'elle est éteinte dans un autre gaz. L'acide sulfureux peut être liquéfié facilement par un abaissement de température ou par la compression, et forme alors un liquide incolore qui bout à — 10°. L'acide sulfureux liquide produit un froid considérable en s'évaporant : il suffit d'en verser sur la boule d'un thermomètre à mercure enveloppé de mousseline pour que bientôt le mercure se congèle. Lorsqu'on étend de l'acide sulfureux liquide dans une capsule de platine fortement chauffée, l'acide reste liquide (on dit alors qu'il prend l'état sphéroïdal) ; si on laisse tomber quelques gouttes d'eau sur ce liquide, l'eau se congèle, et en renversant rapidement la capsule, on obtient un glaçon fait sur le feu.

Un litre d'eau dissout 50 litres de gaz sulfureux ; la solution, qui est incolore, possède l'odeur et toutes les propriétés du gaz. Les flacons qui contiennent cette solution doivent toujours être maintenus pleins et renversés, parce que progressivement l'acide sulfureux dissous dans l'eau absorbe l'oxygène de l'air et se transforme en acide sulfurique.

La chaleur chasse entièrement le gaz que l'eau tient en solution, mais l'acide lui-même est indécomposable par la chaleur.

L'acide sulfureux décolore la plupart des matières colorantes ; quelquefois il les décompose, mais souvent il se combine simplement avec la matière pour former un composé incolore. Ainsi quand on place un bouquet de violettes dans une éprouvette de gaz sulfureux, ces fleurs deviennent bientôt blanches ; mais si on les met ensuite dans une éprouvette d'ammoniaque, elles reprennent d'abord leur couleur primitive, puis deviennent vertes. La décoloration est due à ce que l'acide sulfureux forme un composé incolore avec la matière colorante ; ensuite l'ammoniaque saturant l'acide sulfureux, il est naturel que la couleur reparaisse, mais l'excès d'ammoniaque verdit la couleur des violettes.

**Préparation.** — Dans l'industrie, on obtient ordinairement l'acide sulfureux en brûlant du soufre au contact de l'air. Dans les laboratoires, on obtient l'acide sulfureux en décomposant l'acide sulfurique par le cuivre.

*Réaction :*

$$2 \text{ acide sulfurique.} \begin{cases} SO^3 \dots\dots\dots\dots\dots\dots\dots \\ SO^2. \\ O\dots\dots\dots \end{cases} \quad CuO\dots\dots\dots \quad CuO,SO^3$$

Cuivre\dots\dots\dots\dots | Cu\dots\dots\dots

On chauffe dans un ballon de verre A (*fig.* 20) 2 équivalents d'acide sulfurique mêlés avec 1 équivalent de tournure de cuivre. Un équivalent d'acide se décompose en acide sulfureux $SO^2$, qui se dégage, et en oxygène O, qui se combine avec le cuivre Cu et forme de l'oxyde de cuivre CuO ; cet oxyde de cuivre se combine avec l'autre équivalent d'acide sulfurique et forme du sulfate de cuivre $CuO,SO^3$ qui reste dans le ballon. Le gaz sulfureux qui se dégage par le tube abducteur B est conduit dans un flacon laveur C contenant une petite quantité d'eau pour le purifier ; de là il se rend dans une cuve à mercure D.

$$2\,SO^3 + Cu = CuO,SO^3 + SO^2.$$

Fig. 20.

La solution d'acide sulfureux s'obtient avec l'appareil de Woolf (*fig.* 19, page 55). On peut l'obtenir économiquement en décomposant l'acide sulfurique par le charbon de bois pulvérisé.

Réaction :
2 acide sulfurique. $\begin{cases} 2SO^3 \\ O^2 \end{cases}$
Charbon .............. | C .................... $\}$ $CO^2$.

Un équivalent de charbon décompose deux équivalents
d'acide sulfurique et leur prend à chacun un équivalent
d'oxygène pour former de l'acide carbonique $CO^2$; les
deux équivalents d'acide sulfurique deviennent deux
équivalents d'acide sulfureux.

$$2 SO^3 + C = 2 SO^2 + CO^2.$$

On obtient ainsi, il est vrai, un mélange d'acide sulfureux et d'acide carbonique ; mais l'acide sulfureux
chasse l'acide carbonique de la solution, de sorte que
celle-ci est aussi pure que si elle avait été préparée par
le premier procédé.

**Usages.** — L'acide sulfureux sert à blanchir la laine,
la soie et la paille; il suffit de mouiller les tissus avec
de l'eau, puis de les tendre dans une salle où l'on fait
brûler du soufre. Il faut bien ventiler cette salle avant
d'y pénétrer après le blanchiment, parce que le gaz sulfureux est délétère. On enlève facilement les taches de
fruit sur le linge en les mouillant d'abord avec un peu
d'eau, puis en brûlant au-dessous quelques allumettes
soufrées simples, ce qui produit de l'acide sulfureux ;
il faut ensuite laver la tache à grande eau pour qu'elle ne
reparaisse plus. Enfin, si l'on fait brûler une allumette
soufrée dans un tonneau où l'on va mettre du vin, on
prévient l'altération du liquide, qui pourrait fermenter
et s'aigrir.

### Acide sulfurique.

On distingue trois espèces d'acide sulfurique :
1° *L'acide sulfurique anhydre* $SO^3$;
2° *L'acide sulfurique de Nordhausen* $SO^3 + SO^3,HO$;

3° *L'acide sulfurique ordinaire*, dont le maximum de concentration a pour formule $SO^3,HO$.

## Acide sulfurique anhydre, $SO^3 = 40$.

**Propriétés de l'acide sulfurique anhydre.** — *L'acide sulfurique anhydre*, c'est-à-dire sans eau, se présente en longues aiguilles blanches, soyeuses. Il fond à 25° et se réduit en vapeur vers 30°. Il est très-avide d'eau ; quand on jette dans l'eau une petite quantité d'acide, il se produit un sifflement comme si on y plongeait une barre de fer rouge.

**Préparation.** — On obtient l'acide sulfurique anhydre en chauffant modérément l'acide sulfurique de Nordhausen, qui est une dissolution d'acide anhydre dans l'acide ordinaire. L'acide anhydre, étant beaucoup plus volatil, se dégage et on le conduit dans un vase froid où il se condense.

L'acide anhydre s'obtient encore en dirigeant à travers l'éponge de platine, contenue dans un tube de porcelaine, un courant de gaz sulfureux et d'oxygène secs.

**Usage.** — L'acide sulfurique anhydre est rarement employé : son prix est trop élevé. Il pourrait servir à dessécher les gaz.

## Acide sulfurique de Nordhausen, $SO^3 + SO^3,HO = 89$.

**Propriétés de l'acide sulfurique de Nordhausen.** — *L'acide sulfurique de Nordhausen* est un liquide oléagineux ordinairement d'un brun assez foncé ; il fume beaucoup au contact de l'air quand il est concentré. Cet acide jouit des propriétés de l'acide sulfurique ordinaire que nous étudierons bientôt, mais il est plus énergique. Son prix est aussi plus élevé. Il porte le nom d'une petite ville de Saxe où l'on en fabrique de grandes quantités.

**Préparation.** — Dans une série de cornues disposées sur un long fourneau on chauffe fortement du sulfate de protoxyde de fer (couperose verte). Ce sel retient une grande quantité d'eau qui se dégage par la chaleur; on laisse perdre ces premières vapeurs, puis, quand on juge que le sulfate de fer est suffisamment desséché, on fait communiquer chaque cornue avec un vase froid contenant de l'acide sulfurique ordinaire.

*Réaction :*

$$2 \text{ sulfate de protoxyde de fer.} \begin{cases} SO^3. \\ SO^3. \begin{cases} SO^3. \\ O\ldots\ldots\ldots \\ 2\,FeO\ldots\ldots\ldots \end{cases} Fe^2O^3 \end{cases}$$

En calcinant 2 équivalents de sulfate de protoxyde de fer formés de 2 équivalents d'acide sulfurique et de 2 équivalents de protoxyde de fer, un équivalent d'acide sulfurique $SO^3$ se dégage et va se condenser dans l'acide sulfurique ordinaire; l'autre se décompose en acide sulfureux $SO^2$, qui se dégage également et se perd, et en oxygène, qui, se combinant avec les 2 équivalents de protoxyde de fer, forme 1 équivalent de sesquioxyde de fer $Fe^2O^3$ qu'on appelle dans le commerce *colcothar* ou *rouge d'Angleterre*. Comme le sulfate de fer n'est pas complétement desséché, il se dégage, indépendamment de l'acide sulfureux et de l'acide sulfurique anhydre, une certaine quantité d'acide sulfurique hydraté.

**Usage.** — L'acide sulfurique de Nordhausen dissout l'indigo et forme avec ce corps le *sulfate d'indigo*, employé pour la teinture en bleu.

### Acide sulfurique ordinaire, $SO^3 HO = 49$.

**Propriétés de l'acide sulfurique ordinaire.** — L'acide sulfurique ordinaire, nommé aussi *huile de vitriol* et *acide anglais*, est un liquide incolore, de la consistance de l'huile, sans odeur; en le concentrant, on l'obtient avec une quantité d'eau de plus en plus faible; cependant on ne peut lui faire perdre son dernier équivalent d'eau; de sorte que, lorsqu'il est à son maximum de concentration, il a encore pour formule $SO^3,HO$. L'acide sulfurique jouit de propriétés différentes suivant qu'il contient une quantité plus ou moins considérable d'eau.

Quand on essaye de distiller de l'acide sulfurique faible, les vapeurs qui se dégagent et que l'on condense n'offrent d'abord que des traces d'acide; à mesure que la température d'ébullition s'élève, le liquide qui passe à la distillation est de plus en plus acide. Lorsque la température atteint 325°, elle reste stationnaire, et le liquide distillé a la même composition que celui qui bout. On appelle cet acide bouillant à 325° de l'acide *sulfurique concentré*; il ne contient plus qu'un équivalent d'eau qu'on ne peut lui enlever.

L'acide sulfurique concentré $SO^3,HO$ a pour densité 1,841; il se congèle et cristallise à — 34°. Il a beaucoup d'affinité pour l'eau : aussi quand on le laisse exposé à l'air, il peut absorber plusieurs fois son poids d'eau. Un mélange de 1 partie d'acide sulfurique et de 4 parties d'eau, ou mieux de g'ace, produit un abaissement de température, tandis qu'un mélange de 4 parties d'acide sulfurique et de 1 partie d'eau produit un grand dégagement de chaleur. L'acide sulfurique concentré carbonise la plupart des matières organiques qui sont généralement formées de carbone, d'hydrogène et d'oxygène : l'acide prenant de l'hydrogène et de l'oxygène dans les proportions nécessaires pour former de l'eau laisse à nu le carbone. Aussi ne faut-il jamais boucher les flacons d'acide sulfurique avec du liége; le bouchon serait bientôt carbonisé, et ce charbon tombant en poussière très-fine dans la liqueur la rendrait noire ou très-foncée. L'acide sulfurique se colore aussi quand on le laisse longtemps au contact de l'air, parce que la poussière qui se dépose est carbonisée. Quand l'acide sulfurique est ainsi coloré, il suffit de le chauffer pour le blanchir; en effet, une petite quantité d'acide réagissant sur le charbon forme des gaz carbonique et sulfureux qui se dégagent. L'acide sulfurique ne carbonise pas la cellulose (papier, charpie ou linge, etc.); il les convertit d'abord en une matière gommeuse, puis il les change en sucre. Les étiquettes de papier ne conviennent pas aux flacons d'acide sulfurique; elles disparaissent rapidement quand elles sont mouillées par l'acide.

Quand on veut distiller de l'acide sulfurique, il faut prendre soin de le chauffer vers les bords et de laisser dans la liqueur quelques fils de platine; sans cette précaution, il formerait pendant l'ébullition des soubresauts qui souvent briseraient le vase.

Il est facile de concevoir que l'acide sulfurique est un poison énergique quand il est concentré; il suffit de se rappeler comment il agit sur la matière organique. Mais deux ou trois gouttes dans un verre d'eau sucrée en font une liqueur assez agréable au goût, connue sous le nom de *limonade minérale*.

**Préparation.** — La préparation de l'acide sulfurique se fait dans une série de chambres de plomb. On introduit dans ces chambres de l'acide sulfureux, de l'acide azotique, de la vapeur d'eau et de l'air, et il suffit de renouveler l'acide sulfureux, l'air et la vapeur d'eau pour qu'il se forme constamment de l'acide sulfurique; car l'acide azotique, à chaque instant décomposé par l'acide sulfureux, revient de lui-même, en présence de l'air et sous l'influence de la vapeur d'eau, à l'état d'acide azotique.

On peut diviser en trois la série des réactions qui se passent dans les chambres de plomb.

1° L'acide sulfureux décompose l'acide azotique.

$$SO^3 + AzO^5,HO = SO^3,HO + AzO^4.$$

Un équivalent d'acide sulfureux prenant un équivalent d'oxygène et un équivalent d'eau à l'acide azotique devient acide sulfurique $SO^3, HO$, tandis que l'autre acide devient hypoazotique $AzO^4$.

2° L'acide hypoazotique en présence d'une grande quantité de vapeur d'eau se change en acide azotique et en bioxyde d'azote.

$$3\,AzO^4 + nHO = 2AzO^5\,nHO + AzO^2.$$

3 équivalents d'acide hypoazotique se transforment ainsi en 2 équivalents d'acide azotique et 1 équivalent de gaz bioxyde d'azote. La lettre $n$ représente une quantité quelconque d'eau, mais suffisante. On voit que l'eau n'est pas décomposée; elle n'agit que par sa présence.

3° Le gaz bioxyde d'azote prend 2 équivalents d'oxygène à l'air et devient acide hypoazotique.

$$AzO^2 + O^2 = AzO^4.$$

L'acide sulfurique sortant des chambres de plomb est faible : on le concentre pour le commerce jusqu'à ce qu'il marque 66° au pèse-acide de Baumé. Il contient souvent de l'acide azoteux $AzO^3$ : on le purifie en le faisant traverser par un courant de gaz acide sulfureux.

**Usages.** — L'acide sulfurique ordinaire est l'acide le plus fréquemment employé dans l'industrie et dans les laboratoires. Il sert à fabriquer la plupart des acides, à obtenir l'hydrogène, le chlore, le brome, l'iode, un grand nombre de sulfates, à décaper les métaux, à préparer l'éther, à dessécher les gaz, à gonfler les cuirs dans le tannage, à épurer l'huile, affiner l'or, fabriquer les bougies stéariques, etc. La médecine en fait quelquefois usage, et la médecine vétérinaire l'emploie souvent contre plusieurs maladies des animaux.

### Combinaisons du soufre avec l'hydrogène.

Le soufre forme avec l'hydrogène deux composés nommés *acide sulfhydrique* ou *hydrogène sulfuré* et *bisulfure d'hydrogène;* l'acide sulfhydrique est seul employé.

### Acide sulfhydrique, HS = 17.

**Propriétés de l'acide sulfhydrique.** — *L'acide sulfhydrique* ou *hydrogène sulfuré* est un gaz incolore d'une odeur très-désagréable et caractéristique : c'est celle des œufs pourris; et en effet, les œufs pendant la putréfaction sentent mauvais précisément parce qu'ils dégagent de l'acide sulfhydrique. Ce gaz se dégage également en grande quantité dans les fosses d'aisances.

Le gaz sulfhydrique, quand on y met le feu au contact de l'air, brûle avec une flamme bleuâtre et laisse sur les parois de l'éprouvette un dépôt de soufre; dans cette combustion, l'hydrogène forme de l'eau et une partie du soufre devient acide sulfureux; mais la quantité d'oxygène de l'air étant insuffisante, l'autre partie du soufre se dépose sur les parois de l'éprouvette. Un mélange de gaz sulfhydrique et d'oxygène détone violemment quand on l'enflamme; aussi est-il dangereux de jeter dans les fosses d'aisances du papier allumé ou des bouts de cigares : on s'expose à mettre le feu au mélange détonant qui peut s'y trouver formé. L'acide sulfhydrique rougit très-faiblement la teinture de tournesol; car il est à peine acide, et c'est pourquoi il est nommé souvent hydrogène sulfuré. Sa densité est 1,1912; une pression de 16 atmosphères le liquéfie, et ensuite un froid de — 80° le fait cristalliser. C'est un poison très-énergique, car $\frac{1}{1500}$ tue un oiseau en peu d'instants. Un litre d'eau dissout environ deux à trois litres de ce gaz; la solution est incolore et possède les propriétés du gaz lui-même; mais elle doit être conservée dans des flacons pleins et bien bouchés; autrement l'oxygène de l'air se combinerait peu à peu avec l'hydrogène, et le soufre se déposerait. Quand on chauffe la solution, tout le gaz s'échappe.

L'alcool dissout cinq fois son volume de gaz acide sulfhydrique. Le chlore le décompose en se combinant

avec l'hydrogène pour former de l'acide chlorhydrique.
Certains corps incandescents peuvent le changer en acide
sulfurique; ce qui arrive quand on allume un peu d'amadou dans les dégagements naturels de gaz appelés *fume-*
*rolles d'Agnano*, près de Naples. La même transformation peut avoir lieu sous l'influence de tissus organiques
et d'une température de 50° au plus.

Le soufre de l'acide sulfhydrique se combine facilement avec le plomb et avec l'argent : les sulfures qui
résultent de cette combinaison sont noirs; aussi l'argen-
terie noircit-elle rapidement par les émanations de ce
gaz et par conséquent dans son contact avec les œufs.

**Préparation.** — On obtient l'acide sulfhydrique par
l'un des procédés suivants.

1° On décompose le sulfure d'antimoine par l'acide
chlorhydrique dans une cornue de verre (*fig.* 21); le
gaz passe d'abord par un flacon laveur, puis on le recueille sur la cuve à eau.

Réaction :
Sulfure d'antimoine.... { Sb.............................
S³.........; } SbCl³.
3 acide chlorhydrique. { Cl³.........................
H³ ......; 3 HS.

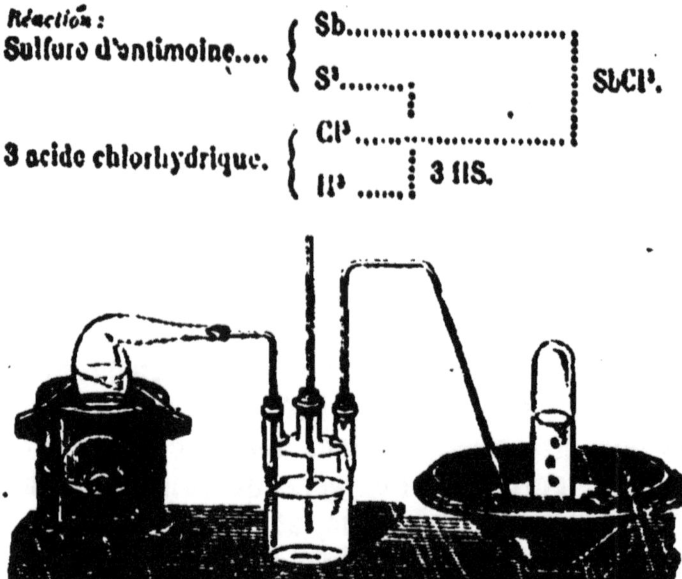

Fig. 21.

Le soufre du sulfure d'antimoine se combine avec l'hydrogène de l'acide chlorhydrique et forme de l'acide sulfhydrique; le chlore et l'antimoine forment du chlorure d'antimoine.

$$SbS^3 + 3 HCl = SbCl^3 + 3 HS.$$

2° On décompose le sulfure de fer par l'eau et l'acide sulfurique.

Réaction :

| Sulfure de fer....... | S..................................... | | |
| | Fe............, | FeO...... | HS. |
| Eau.................... | O.........., | | |
| | H................ | | |
| Acide sulfurique... | SO³..................., | FeO,SO³. | |

L'eau est décomposée : son oxygène se combine avec le fer et forme du protoxyde de fer qui s'unit à l'acide sulfurique et forme du sulfate de fer se dissolvant dans l'excès d'eau; l'hydrogène de l'eau forme avec le soufre de l'acide sulfhydrique qui se dégage.

$$FeS + HO + SO^3 = FeO,SO^3 + HS.$$

Ce dernier procédé donne le gaz moins pur, parce que souvent le sulfure de fer contient du fer libre qui donne lieu à un dégagement d'hydrogène, causé par la décomposition de l'eau; mais il est plus économique que le précédent et convient surtout pour obtenir des solutions. On opère à froid dans l'appareil suivant (*fig.* 22). Le sulfure de fer et l'eau sont introduits dans le flacon A. On ajoute progressivement l'acide sulfurique par le tube B : le gaz s'échappe par le tube abducteur C et se rend dans la cuve à eau D.

**Usages.** — La solution d'acide sulfhydrique est employée comme réactif, surtout pour reconnaître les sels de plomb, qui sont tous vénéneux, quand ils sont solubles. Par suite d'une mauvaise préparation ou même par une fraude coupable, il se trouve quelquefois de l'acétate de plomb dans le vin ou le cidre; la fraude consiste à corriger un commencement de fermentation acide dans le vin en y versant un peu de protoxyde de plomb, ce qui lui donne une saveur sucrée. Or quelques gouttes d'une solution d'acide sulfhydrique forment un précipité noir dans un liquide contenant les moindres traces d'un sel de plomb.

Fig. 11.

L'acide sulfhydrique étant très-vénéneux, quand on vide les fosses d'aisances, où il se forme par la décomposition des matières animales, on a soin de les désinfecter avant d'y descendre, soit avec du chlore, ou plus économiquement avec du chlorure de chaux, soit encore par une solution de sulfate de fer (couperose verte) ou de sulfate de cuivre (couperose bleue).

# CHAPITRE IV.

Chlore, ses propriétés, sa préparation, ses usages. — Combinaisons du chlore avec l'oxygène : acide perchlorique, acide chlorique, acide hypochloreux. — Combinaison du chlore avec l'hydrogène : acide chlorhydrique. — Combinaison de l'acide chlorhydrique avec l'acide azotique ; eau régale. — Fluor. — Combinaison du fluor avec l'hydrogène : acide fluorhydrique. — Brome, ses propriétés, ses usages. — Iode, ses propriétés, sa préparation, ses usages.

### Chlore, Cl = 35.

**Propriétés du chlore.** — Le *chlore* est un gaz jaune verdâtre, d'une odeur désagréable et caractéristique; sa saveur est analogue à son odeur. Il est dangereux de le respirer pur; mais de petites quantités de chlore dans une grande quantité d'air peuvent être respirées sans danger, et sont même quelquefois employées en médecine. Ce gaz peut être liquéfié par la pression ou par le refroidissement. Sa densité est 2,44.

Une bougie allumée s'éteint dans ce gaz. Lorsqu'on projette dans le gaz chlore de la poudre d'antimoine ou de la poudre d'arsenic, ces corps brûlent rapidement et forment du chlorure d'antimoine ou du chlorure d'arsenic, dont les vapeurs sont dangereuses à respirer. Un litre d'eau peut dissoudre 1 litre et demi de chlore à la température ordinaire; la solution est jaune verdâtre et jouit des propriétés du gaz. Le chlore détruit la teinture de tournesol et toutes les matières colorantes qui contiennent de l'hydrogène.

Lorsqu'on refroidit à 1° ou 2° au-dessous de zéro le gaz chlore humide, on obtient des cristaux jaunâtres d'hydrate de chlore; si l'on introduit ces cristaux dans un tube recourbé ABC (*fig.* 23), et que, après avoir fermé

ce tube à la lampe d'émailleur, on chauffe légèrement
le côté qui contient les cristaux,
tout en refroidissant l'autre extrémité, les cristaux se fondent et le
gaz chlore se comprime assez lui-
même pour se liquéfier; le chlore
liquide se condense dans la branche
refroidie.

Fig. 33.

Le gaz chlore sec exige, pour être liquéfié, un froid
très-considérable.

Le chlore a beaucoup d'affinité pour l'hydrogène, et
forme, en se combinant avec lui, de l'acide chlorhydrique. Si on remplit un flacon d'un mélange à volumes
égaux de chlore et d'hydrogène, les gaz ne se combinent
pas s'ils sont dans un endroit complétement privé de
lumière; la combinaison se fait lentement dans un endroit mal éclairé; mais un seul rayon de soleil suffit
pour que la combinaison se fasse brusquement avec une
violente détonation.

Si, après avoir rempli un flacon d'un mélange de
chlore et d'hydrogène, on approche le goulot de la
flamme d'une bougie, il y a également détonation et
production d'acide chlorhydrique. Il faut avoir soin
d'envelopper le flacon d'une serviette mouillée pour éviter les éclats du verre.

Une solution de chlore dans l'eau se décolore quand
elle est en contact avec la lumière, parce que le chlore
décompose alors l'eau en s'emparant de son hydrogène
et en dégageant l'oxygène; aussi les solutions de chlore
doivent-elles être conservées dans des flacons noirs.

**Préparation.** — On obtient le chlore par l'un des procédés suivants :

1° en décomposant 1 équivalent d'acide chlorhydrique
par 2 équivalents de bioxyde de manganèse.

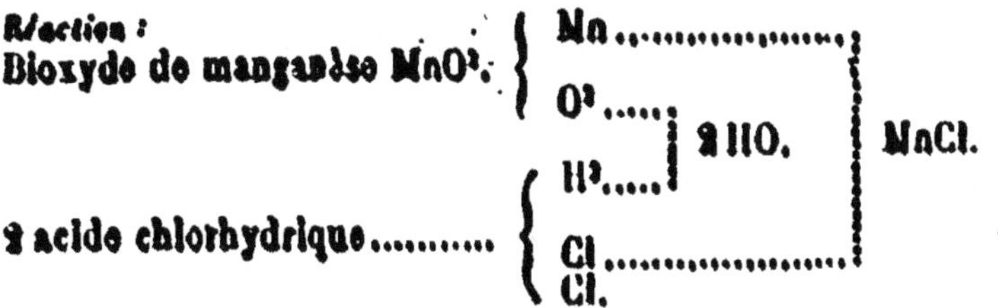

Les 2 équivalents d'hydrogène de l'acide chlorhydrique se combinent avec les 2 équivalents d'oxygène du bioxyde de manganèse et forment 2 équivalents d'eau. Un équivalent de chlore se combine avec le manganèse et forme du chlorure de manganèse MnCl; l'autre équivalent de chlore se dégage.

$$2\,HCl + MnO^2 = 2\,HO + MnCl + Cl.$$

2° En chauffant un mélange de chlorure de sodium, d'acide sulfurique et de bioxyde de manganèse.

Il faut employer 2 équivalents d'acide sulfurique : 1 équivalent d'acide sulfurique décompose le bioxyde de manganèse, forme du sulfate de protoxyde de manganèse MnO,SO³, et l'autre équivalent d'oxygène libre se combine avec le sodium et forme de la soude NaO; cette soude se combine avec le deuxième équivalent d'acide sulfurique et forme du sulfate de soude NaO,SO³; le chlore est libre et se dégage.

On emploie ordinairement le bioxyde de manganèse

et l'acide chlorhydrique. Le gaz doit être obtenu sur la cuve à eau, car il attaque le mercure. Quand on veut l'avoir sec, on le fait passer par un tube contenant du chlorure de calcium (*fig.* 24). Le ballon A contient du bioxyde de manganèse; on verse de l'acide chlorhydrique, à mesure qu'il est nécessaire, par le tube de sûreté à boule S; dès que l'on chauffe, le chlore se dégage, et passe d'abord dans un petit flacon laveur B contenant un peu d'eau; ce lavage purifie le gaz; de là il traverse le tube *ab* contenant du chlorure de calcium, et, après s'y être desséché, il se rend dans un flacon C, d'où il chasse l'air par sa grande densité.

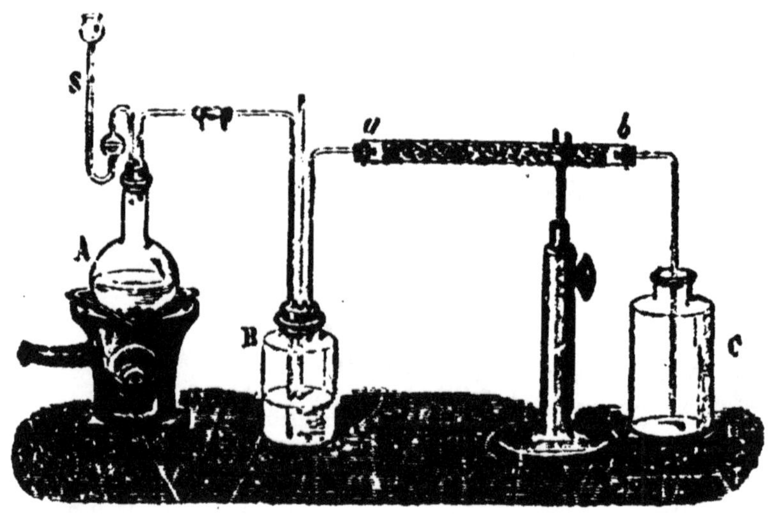

Fig. 24

Ordinairement on obtient le gaz humide; alors le tube desséchant est inutile et le tube abducteur se rend simplement dans une cuve à eau.

Pour obtenir une solution de chlore, on emploie une série de flacons à trois tubulures (*fig.* 25), c'est-à-dire l'appareil de Woolf; ces flacons contiennent de l'eau, et le chlore, qui se dégage du ballon M, sature successivement l'eau des différents flacons A, B, C; à la suite

4.

on met une éprouvette E contenant une solution de
potasse pour absorber l'excès de gaz et l'empêcher de
se répandre dans l'air.

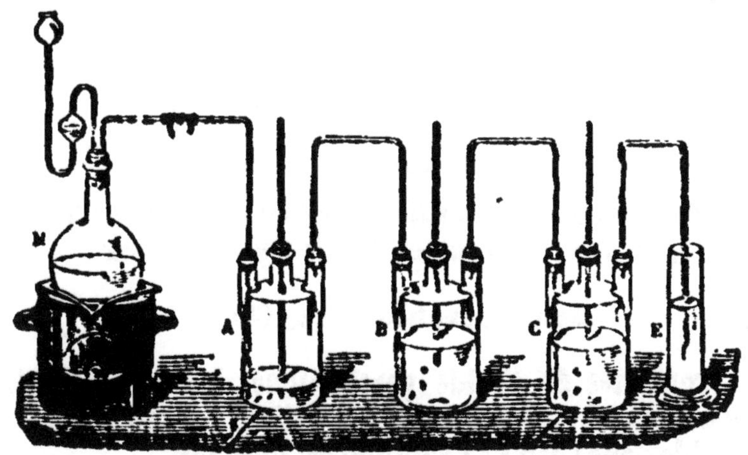

Fig. 11.

**Usages.** — Le chlore est employé pour blanchir le lin,
le coton et la pâte à papier, parce qu'il détruit les matières colorantes en leur enlevant leur hydrogène. Avant
l'emploi du chlore, on blanchissait le lin ou le coton en
l'étendant sur des prés et l'arrosant de temps à autre.
Ce procédé, qui n'est plus que rarement employé, est
très-long. On blanchit aujourd'hui plus de lin et de coton
en vingt-quatre heures qu'on ne le ferait par l'ancien
procédé en trois semaines, quand bien même on aurait
de grands prés à sa disposition. On se sert du chlore
pour désinfecter l'air et les lieux contenant des gaz
hydrogénés, tels que l'ammoniaque $AzH^3$ et l'acide sulfhydrique $HS$; le chlore leur enlève également l'hydrogène. L'emploi du chlore gazeux ou de la solution de
chlore serait d'un prix trop élevé pour en employer de
grandes quantités; on se sert alors des hypochlorites de
chaux, de potasse ou de soude.

## Combinaisons du chlore avec l'oxygène.

Le chlore forme avec l'oxygène cinq composés acides :

| | |
|---|---|
| Acide perchlorique, | $ClO^7 = 91$. |
| Acide chlorique, | $ClO^5 = 75$. |
| Acide hypochlorique, | $ClO^4 = 67$. |
| Acide chloreux, | $ClO^3 = 59$. |
| Acide hypochloreux, | $ClO = 43$. |

Les trois composés principaux sont : *l'acide perchlorique*, *l'acide chlorique* et *l'acide hypochloreux*.

### Acide perchlorique, $ClO^7 = 91$.

**Propriétés de l'acide perchlorique.** *L'acide perchlorique anhydre*, c'est-à-dire privé d'eau, est solide, très-soluble dans l'eau ; sa solution est incolore.

**Usages.** — On l'emploie dans les laboratoires pour distinguer les sels de potasse des sels de soude ; cet acide forme dans les sels de potasse un précipité blanc et n'en forme pas avec les sels de soude.

### Acide chlorique, $ClO^5 = 75$.

**Propriétés de l'acide chlorique.** — *L'acide chlorique* est un liquide sirupeux, jaune, inodore. Combiné avec la potasse, il forme un sel (chlorate de potasse) qui sert à la préparation de l'oxygène.

**Usages.** — L'acide chlorique est employé, comme l'acide perchlorique, à distinguer les sels de potasse des sels de soude.

### Acide hypochloreux, $ClO = 43$.

**Propriétés de l'acide hypochloreux.** — *L'acide hypochloreux* est un liquide rouge de sang, d'une odeur analogue à celle du chlore ; il se réduit facilement en vapeurs d'un jaune rougeâtre.

**Usages.** — Cet acide n'est pas employé seul, mais il forme, avec la potasse, la soude et la chaux, trois hypochlorites très-souvent employés sous les noms de chlorures désinfectants et décolorants.

## Combinaison du chlore avec l'hydrogène.

Le chlore ne forme avec l'hydrogène qu'un seul composé, l'*acide chlorhydrique*, qui a reçu de nombreuses applications.

### Acide chlorhydrique, $HCl = 36$.

**Propriétés de l'acide chlorhydrique.** — L'acide *chlorhydrique* est un gaz incolore, d'une odeur vive et piquante; il répand à l'air d'épaisses fumées blanches; sa densité est 1,2474. Une bougie allumée s'éteint dans ce gaz; il se liquéfie à — 50°. Il est très-soluble dans l'eau : 1 litre d'eau en dissout 500 litres à 0°, et l'eau s'élance dans une éprouvette d'acide chlorhydrique avec une grande violence, à moins que le gaz ne soit pas très-pur; s'il contient quelques bulles d'air, la solution se fait lentement. On ne peut recueillir ce gaz qu'avec la cuve à mercure. La solution d'acide chlorhydrique est très-employée sous les noms d'*acide muriatique*, d'*esprit de sel*. La solution est incolore quand elle est pure; celle du commerce est ordinairement jaunâtre, ce qui est dû à ce qu'elle contient une petite quantité de chlorure de fer.

**Préparation.** — On obtient l'acide chlorhydrique en décomposant le chlorure de sodium (sel marin) par l'acide sulfurique étendu d'eau.

*Réaction :*

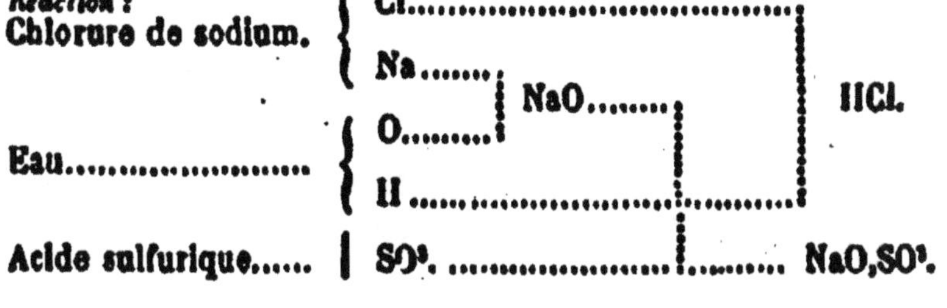

| | | | |
|---|---|---|---|
| Chlorure de sodium. | { Cl........................................................ | | HCl. |
| | { Na........ | NaO......... | |
| Eau......................... | { O........... | | |
| | { H................................... | | |
| Acide sulfurique....... | SO³. ................................... | | NaO,SO³. |

L'eau est décomposée, son oxygène se combine avec le sodium du sel marin et forme de la soude NaO; cette soude se combine avec l'acide sulfurique et forme le sulfate de soude $NaO,SO^3$; l'hydrogène se combine avec le chlore et forme le gaz chlorhydrique.

$$NaCl + SO^3,HO = NaO,SO^3 + HCl.$$

On introduit le chlorure de sodium et l'acide sulfurique dans un ballon de verre A (*fig.* 26); le tube ab-

Fig. 26.

ducteur communique avec un flacon laveur B contenant une petite quantité d'eau, et le flacon laveur communique avec une cuve à mercure C.

La solution d'acide chlorhydrique se fait à l'aide de l'appareil de Woolf (déjà décrit page 55).

**Usages.** — L'acide chlorhydrique sert à la préparation du chlore, de l'eau régale, des hypochlorites, des chlorures, de la gélatine ; il sert à nettoyer les métaux, à découvrir la présence de l'argent dans les dissolutions salines, etc.

### Combinaison de l'acide chlorhydrique avec l'acide azotique.

L'acide chlorhydrique forme, avec l'acide azotique, un liquide connu sous le nom d'*eau régale.*

## Eau régale.

**Propriétés de l'eau régale.** — *L'eau régale* est un liquide rougeâtre, dissolvant avec facilité l'or et le platine, en les convertissant en chlorures. On a donné à ce liquide le nom d'*eau régale*, parce qu'il dissout l'or qu'on avait appelé le *roi des métaux*.

L'eau régale s'obtient en mélangeant 3 parties d'acide chlorhydrique avec 2 parties d'acide azotique et chauffant jusqu'à 86°.

**Usages.** — On emploie l'eau régale dans les ateliers de teinture et dans les manufactures de porcelaine pour faire les compositions d'étain ou dissoudre l'or. Dans les laboratoires on s'en sert comme dissolvant.

---

## Fluor, $Fl = 19$.

Le *fluor* est un corps simple, gazeux, qui a été isolé, mais dont les propriétés n'ont pas encore été étudiées. Ce corps est, jusqu'à présent, sans usage.

### Combinaison du fluor avec l'hydrogène.

Le fluor forme, avec l'hydrogène, un acide énergique, employé à graver sur verre et nommé *acide fluorhydrique*.

### Acide fluorhydrique, $HFl = 20$.

**Propriétés de l'acide fluorhydrique.** — *L'acide fluorhydrique* est un liquide incolore, dont la densité est 1,06; il bout à 30° et répand à l'air d'épaisses fumées blanches, dangereuses à respirer; il attaque le verre, et ne peut être obtenu et conservé que dans des vases de plomb ou de platine. Chaque goutte de ce liquide forme, en tombant dans l'eau, un bruit qui ressemble à celui que produirait l'immersion d'un fer rouge. L'acide fluorhydrique, en contact avec la peau, produit des brûlures dangereuses et qui peuvent occasionner la mort ; il cesse d'être dangereux lorsqu'il est étendu d'eau.

**Préparation.** — On obtient l'acide fluorhydrique en décomposant le fluorure de calcium (spath fluor) par l'acide sulfurique étendu d'eau.

*Réaction :*

Fluorure de calcium. $\begin{cases} Fl \dots \dots \dots \dots \dots \dots \dots \dots \\ Ca \dots \dots \dots \end{cases}$ ... CaO ....... ... HFl.

Eau ................. $\begin{cases} O \dots \dots \\ H \dots \dots \dots \dots \dots \dots \end{cases}$

Acide sulfurique...... | $SO^3$ ................. ........ $CaO,SO^3$.

L'eau est décomposée, son oxygène s'unit au calcium et forme de l'oxyde de calcium ou chaux CaO ; la chaux se combine avec l'acide sulfurique et forme du sulfate de chaux $CaO,SO^3$ ; l'hydrogène de l'eau se combine avec le fluor, et forme de l'acide fluorhydrique HFl.

On introduit le fluorure de calcium pulvérisé et l'acide sulfurique dans une cornue de plomb C (*fig.* 27) que l'on fait communiquer avec un récipient de plomb u maintenu froid dans le vase V ; on chauffe légèrement la cornue, et les vapeurs d'acide fluorhydrique se condensent dans le récipient.

Fig. 27.

**Usages.** — L'acide fluorhydrique ronge et décompose le verre en se combinant avec l'un de ses éléments nommé *silicium*.

Pour établir des divisions sur un tube de verre, un tube thermométrique, par exemple, on le recouvre d'un vernis gras, puis, avec la pointe d'un stylet, on dessine les degrés en enlevant le vernis; on passe ensuite sur le tube une légère couche d'acide fluorhydrique faible, et le verre étant attaqué partout où l'on a enlevé le vernis, les divisions apparaissent; on peut, de la même manière, graver des étiquettes sur les flacons.

Pour graver sur une feuille de verre, on la recouvre également d'un vernis gras, et l'on dessine avec un stylet, puis on place cette feuille comme couvercle sur une boîte de plomb contenant du fluorure de calcium pulvérisé et arrosé d'acide sulfurique étendu d'eau; les faibles vapeurs d'acide fluorhydrique qui se dégagent suffisent pour graver sur le verre ainsi préparé; l'acide attaque toutes les parties découvertes et respecte les autres : quand l'effet est produit, on se débarrasse du vernis par la chaleur ou par tout autre moyen.

---

## Brome, Br = 80.

**Propriétés du brome.** — Le *brome* est un liquide rouge noirâtre, d'une odeur très-forte et désagréable ; c'est un poison très-énergique.

**Usages.** — On emploie le brome en médecine dans certaines affections des organes de la respiration, et dans les arts pour rendre impressionnables à la lumière les plaques de cuivre argenté sur lesquelles on reproduit les portraits au daguerréotype.

---

## Iode, I = 121.

**Propriétés de l'iode.** — L'*iode* est solide à la température ordinaire, il forme des paillettes d'un gris ardoisé ; son odeur est forte et ressemble à celle du chlore; il at-

taque les bouchons de liége, aussi faut-il fermer les flacons qui le contiennent avec des bouchons de verre. Il
produit quelques vapeurs à la température ordinaire,
et ces vapeurs sont plus abondantes quand il est mouillé
avec une petite quantité d'eau; on les fait quelquefois respirer aux malades atteints de la phthisie pulmonaire. L'iode a pour densité 4,95; il fond à 107° et
bout à 176° : il forme alors de belles vapeurs violettes
qui sont huit fois et demie plus denses que l'air. L'iode
tache la peau en jaune, mais cette couleur disparaît en
peu de temps; on peut même la faire disparaître instan-
tanément en se lavant avec une dissolution alcaline.
L'eau dissout $\frac{1}{7000}$ d'iode, et se colore en jaune; l'alcool
en dissout une plus grande quantité, et forme un liquide
foncé qu'on appelle *teinture d'iode.*

On-peut reconnaître les plus petites quantités d'iode
en solution dans un liquide en y ajoutant de l'amidon;
il se forme un iodure d'amidon bleu; réciproquement,
l'iode peut servir à reconnaître les moindres traces d'a-
midon. En chauffant vers 80° l'iodure d'amidon, celui-ci
se décolore et la couleur reparaît par le refroidissement.
On peut cristalliser l'iode soit par le refroidissement de
ses vapeurs, soit par l'évaporation de ses dissolutions.

**Préparation.** — L'iode existe dans les eaux-mères des
soudes de varechs à l'état d'iodure de potassium. On
traite l'iodure de potassium par l'acide sulfurique et le
bioxyde de manganèse.

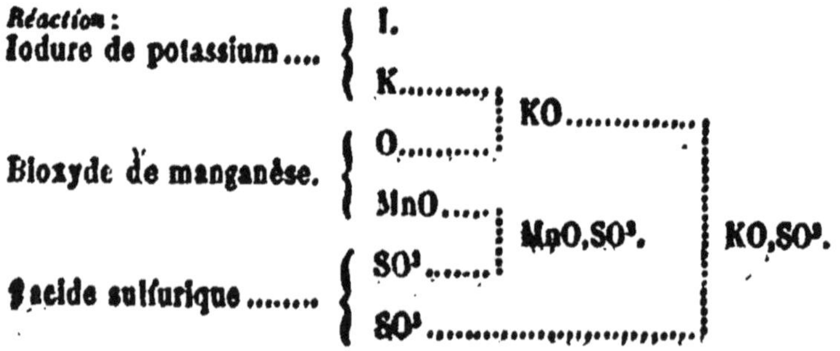

*Réaction :*

| | | | | |
|---|---|---|---|---|
| Iodure de potassium.... { | I. | | | |
| | K........, { | KO.............. { | | KO,SO³. |
| Bioxyde de manganèse. { | O........ { | | | |
| | MnO..... { | MnO,SO³. { | | |
| acide sulfurique........ { | SO³....... { | | | |
| | SO³ ................ | | | |

Un équivalent d'acide sulfurique décompose le bioxyde de manganèse en protoxyde MnO et en oxygène; il se forme du sulfate de protoxyde de manganèse $MnO,SO^3$, et l'oxygène libre se combine avec le potassium de l'iodure pour former de la potasse KO; cette potasse forme, avec l'autre équivalent d'acide sulfurique, du sulfate de potasse; l'iode est libre.

Fig. 28.

Dans les laboratoires, on introduit dans une cornue de verre A (*fig.* 28) une solution d'iodure de potassium, à laquelle on ajoute de l'acide sulfurique et du bioxyde de manganèse; on fait communiquer cette cornue par une allonge de verre B avec un récipient froid C. En chauffant la cornue, les vapeurs d'iode viennent cristalliser dans l'allonge et dans le récipient.

**Usages.** — Les usages de l'iode se sont fort étendus depuis plusieurs années. Les plaques de cuivre argenté employées pour le daguerréotype sont exposées aux vapeurs d'iode avant d'être mises dans le daguerréotype; l'iode forme alors sur ces plaques une couche mince d'iodure d'argent, impressionnable à la lumière. Les plaques de verre employées en photographie sont recouvertes d'une couche de collodion contenant de l'iodure de potassium ou d'ammoniaque, puis elles sont trempées dans une solution d'azotate d'argent avant d'être exposées au daguerréotype; il se forme encore ici de l'iodure d'argent, de sorte qu'on voit que c'est l'iodure d'argent qui est employé dans la photographie sur métal ou sur verre comme corps sensible à la lumière. On emploie l'iode en petites quantités en médecine, soit à l'intérieur, soit à l'extérieur, principalement contre les goîtres et les affections du système lymphatique.

## CHAPITRE V.

Phosphore, ses propriétés, sa préparation. — Combinaisons du phosphore avec l'oxygène : acide phosphorique. — Combinaisons du phosphore avec l'hydrogène : hydrogène phosphoré gazeux, phosphure d'hydrogène liquide, phosphure d'hydrogène solide. — Arsenic, ses propriétés, sa préparation, ses usages. — Combinaisons de l'arsenic avec l'oxygène : acide arsénieux, acide arsénique. — Combinaisons de l'arsenic avec le soufre : bisulfure d'arsenic, trisulfure d'arsenic. — Moyens de reconnaître les empoisonnements par les composés d'arsenic.

### Phosphore, $Ph = 31$.

**Propriétés du phosphore.** — Le *phosphore* est un corps simple, solide à la température ordinaire. On le trouve dans le commerce en baguettes du diamètre d'un fort tuyau de plume ; il est jaunâtre, assez mou pour être coupé par un canif ou par des ciseaux, flexible, demi-transparent, sans saveur, mais d'une odeur d'ail : c'est un poison énergique. Il est insoluble dans l'eau, mais il lui communique son odeur ; il se dissout dans le sulfure de carbone et cristallise par évaporation. Sa densité est 1,82. Il ne peut être conservé que dans l'eau, car au contact de l'air il brûle lentement et forme de l'acide phosphoreux ; si on le chauffe à l'air, même légèrement, il s'enflamme et forme de l'acide phosphorique. Il ne faut jamais manier les bâtons de phosphore que lorsqu'ils sont mouillés et froids.

La phosphore exposé à l'air est lumineux dans l'obscurité, parce qu'il se combine avec l'oxygène; mais cette flamme est invisible le jour parce qu'elle est trop faible. Lorsqu'on laisse à la lumière un flacon plein d'eau renfermant du phosphore, les bâtons deviennent blancs à leur surface; la matière blanche est du phosphore opaque, pur, mais très-divisé.

Le phosphore fond à 44° et bout à 290°. Pour fondre le phosphore, on le met dans l'eau chaude; il forme un liquide épais jaunâtre au fond de l'eau. Si on l'agite alors jusqu'à refroidissement complet, on l'obtient en poudre fine. Le phosphore fondu devient noir quand on le refroidit brusquement.

Un bâton de phosphore exposé longtemps à la lumière solaire, dans un tube de verre fermé à la lampe, devient rouge. L'étude que l'on a faite du phosphore ainsi modifié a montré qu'il avait des propriétés toutes différentes : ainsi il est insoluble et *amorphe*, c'est-à-dire incristallisable, peu altérable à l'air, non phosphorescent, inflammable à 260°, tandis que le phosphore normal l'est à 60°, et surtout aucunement délétère. Ces propriétés si précieuses, puisqu'elles rendent son emploi sans danger, ont fait rechercher les moyens de l'obtenir en masses, et l'on y est parvenu par des manipulations convenables sous la seule influence de la chaleur. La différence entre le phosphore ordinaire et le phosphore amorphe est attribuée à une simple modification moléculaire ou *transformation allotropique*. Le soufre fondu et brusquement refroidi, l'oxygène électrisé ou *ozone* ont subi également l'allotropie.

**Préparation.** — Pour obtenir du phosphore, on calcine à l'air des os, ce qui donne une matière blanche qu'on pulvérise et qu'on délaye dans l'eau, puis on y ajoute de l'acide sulfurique. Les os calcinés sont formés de phosphate de chaux tribasique et de carbonate de chaux.

$$\text{Réaction :}\quad
\text{Os calcinés.}
\begin{cases}
(CaO)^3, PhO^5.
\begin{cases}
CaO, PhO^5. \\
2\,CaO\dots\dots
\end{cases} \\[2ex]
CaO, CO^2 \dots\dots
\begin{cases}
C^2O\dots\dots \\
CO?.
\end{cases}
\end{cases}
\Bigg\}\,3\,CaO\dots\dots \Bigg] 3\,CaO, SO^3.$$

$$3 \text{ acide sulfurique}\dots\dots \mid 3\,SO^3 \dots\dots\dots$$

L'acide sulfurique se combine avec la chaux du carbonate de chaux et avec 2 équivalents de chaux du phosphate tribasique, et forme 3 équivalents de sulfate de chaux presque insoluble; l'acide carbonique se dégage, et le phosphate, devenu monobasique, se dissout; on filtre, et la liqueur ne contient plus que du phosphate de chaux acide ou monobasique.

On concentre cette liqueur jusqu'à ce qu'elle devienne épaisse comme un sirop, on la mêle avec du charbon de bois pulvérisé, on forme une pâte, on la divise en boules que l'on sèche jusqu'au rouge sombre, puis on chauffe fortement ces boules dans une cornue de grès (*fig.* 29).

Fig. 29.

*Réaction :*

$$2 \text{ phosphate acide de chaux} \left.\right\} 2\,CaO,PhO^5. \begin{cases} (CaO)^2,PhO^5. \\ PhO^5. \begin{cases} Ph. \\ O^5 \end{cases} \end{cases}$$

$$5 \text{ carbone} \dots\dots\dots\dots\dots\dots\dots\dots\dots\dots\dots 5\,CO.$$

Deux équivalents de phosphate monobasique $2CaO,PhO^5$ deviennent un équivalent de phosphate bibasique ou neutre $(CaO)^2,PhO^5$ qui reste dans la cornue; l'autre équivalent d'acide phosphorique $PhO^5$ est décomposé par le charbon et devient phosphore libre et gaz oxyde de carbone. Les vapeurs de phosphore et l'oxyde de carbone se rendent dans un vase contenant de l'eau maintenue à 50 degrés : les vapeurs de phosphore se liquéfient au fond de l'eau, et le gaz oxyde de carbone se dégage par un tube ouvert. Mais comme les boules contenaient encore un peu d'eau qui se décompose, il se dégage toujours en même temps du gaz hydrogène phosphoré qui brûle au contact de l'air et qui met le feu à l'oxyde de carbone.

Lorsque le phosphore est froid, on le retire de l'eau et on le place dans un nouet de peau que l'on plonge dans de l'eau chaude et qu'on presse avec une pince de fer; le phosphore liquide passe à travers les pores de la peau et les matières impures restent dans le nouet. On plonge ensuite dans ce phosphore l'extrémité d'un long tube de verre légèrement évasé de haut en bas et on aspire par l'autre extrémité : le phosphore se moule en baguette dans le tube. Après refroidissement, on chasse la baguette avec une tige de verre.

**Usages.** — Le phosphore sert quelquefois, mais rarement, en médecine, plus souvent dans la préparation d'une pâte phosphorée pour détruire les rats, et principalement à la fabrication des allumettes dites *chimiques*. Ces allumettes sont d'abord soufrées, puis on attache à leur extrémité une petite quantité d'une pâte faite avec du phosphore, de la colle forte, de l'eau, du sable fin, de l'ocre rouge et du vermillon. On peut remplacer le soufre par l'acide stéarique fondu dans lequel on trempe les allumettes avant de les recouvrir de la pâte inflammable : elles ne donnent pas l'odeur désagréable du soufre brûlé. Pour avoir du feu, il suffit de frotter sur un corps dur l'extrémité des allumettes qui ne détonent pas en s'enflammant, à moins qu'elles ne contiennent aussi du chlorate de potasse.

Les allumettes chimiques phosphorées, bien que fort commodes et généralement employées aujourd'hui, présentent un double danger; car, en premier lieu, la pâte inflammable est un poison par le phosphore qu'elle contient; puis, comme elles prennent feu rapidement, elles peuvent occasionner des incendies. Il est malheureusement arrivé plusieurs accidents de ce genre; des enfants se sont empoisonnés en mâchant le bout des allumettes, ou ont mis involontairement le feu en jouant avec ces corps inflammables. Tout danger disparaît si l'on emploie le phosphore rouge amorphe, puisqu'il n'est pas vénéneux et qu'il ne s'enflamme que par un frottement plus rude; mais son prix élevé n'a pas encore permis de l'employer exclusivement.

## Combinaisons du phosphore avec l'oxygène.

Le phosphore forme avec l'oxygène plusieurs acides et un oxyde. Le seul de ces composés qui soit employé est l'*acide phosphorique*.

### Acide phosphorique, $PhO^5 = 71$.

On distingue : 1° l'*acide phosphorique anhydre* ou *privé d'eau;* 2° l'*acide phosphorique ordinaire* ou *hydraté*.

1° *Acide phosphorique anhydre.* L'acide phosphorique

anhydre est solide à la température ordinaire; c'est une poudre blanche qui s'agglutine de manière à former des flocons filamenteux. Il est très-avide d'eau et peut servir à dessécher les gaz.

On obtient l'acide phosphorique anhydre en brûlant le phosphore dans l'air sec ou dans l'oxygène sec.

On place sur une assiette (*fig.* 30) une coupelle de porcelaine contenant un morceau de phosphore qu'on allume; on recouvre cette assiette d'une cloche de verre bien sèche et contenant de l'air desséché; le phosphore brûle en se combinant avec l'oxygène de l'air et forme des vapeurs blanches d'acide phosphorique : ces vapeurs se

Fig. 30.

condensent sur les parois de la cloche et sur l'assiette et forment une poudre blanche floconneuse. M. Delalande a imaginé un appareil simple, à l'aide duquel on peut, par une combustion continue du phosphore dans un courant d'air sec, obtenir une grande quantité d'acide phosphorique.

L'acide phosphorique anhydre est quelquefois employé pour dessécher les gaz.

2° *Acide phosphorique ordinaire ou hydraté.* L'acide phosphorique ordinaire ou hydraté, tel qu'on le trouve dans le commerce, est de l'acide phosphorique $PhO^5$ combiné avec une quantité plus ou moins grande d'eau; c'est un liquide incolore, rougissant fortement la teinture de tournesol.

On obtient l'acide phosphorique ordinaire en dissolvant le phosphore dans l'acide azotique.

On introduit dans une cornue de verre (*fig.* 31) un morceau de phosphore et une grande quantité d'acide azotique étendu d'eau ; on chauffe modérément : le phosphore prend de l'oxygène à l'acide azotique et se change en acide phosphorique qui reste dans la cornue ; l'acide hypoazotique provenant de la décomposition de l'acide azotique se dégage et se condense dans un récipient maintenu froid par l'eau du vase. On concentre ensuite l'acide phosphorique dans une capsule de platine.

Fig. 31.

L'acide phosphorique hydraté est peu employé, si ce n'est comme réactif dans les laboratoires. Il sert de plus à former quelques phosphates.

### Combinaisons du phosphore avec l'hydrogène.

Le phosphore donne avec l'hydrogène trois composés : 1° l'*hydrogène phosphoré gazeux*; 2° le *phosphure d'hydrogène liquide*; 3° le *phosphure d'hydrogène solide*.

### Hydrogène phosphoré gazeux, PhH³ = 34.

**Propriétés de l'hydrogène phosphoré gazeux.** — Le *gaz hydrogène phosphoré* pur est incolore, d'une forte odeur d'ail; il brûle au contact de l'air à la température de 100°. Lorsque ce gaz contient des vapeurs de phosphure d'hydrogène liquide, il s'enflamme au contraire spontanément à l'air.

**Préparation.** —On obtient le gaz hydrogène phosphoré inflammable en chauffant dans un ballon de verre de petites boulettes de chaux hydratée contenant chacune un petit morceau de phosphore.

Le tube abducteur plonge dans l'eau (*fig.* 32); chaque bulle de gaz qui s'échappe de l'eau s'allume spontanément au contact de l'air en formant une petite explosion et une couronne de fumée composée d'acide phosphorique; cette couronne s'élargit à mesure qu'elle s'élève.

Fig. 32.

Si on fait passer le tube abducteur dans un mélange réfrigérant, il se dépose dans le tube du phosphure d'hydrogène liquide, et le gaz qui passe est de l'hydrogène phosphoré pur qui n'est plus inflammable qu'à 100°.

**Usages.** — Le gaz hydrogène phosphoré pur est sans usages, aussi bien que le gaz inflammable. Ce dernier se forme fréquemment dans les cimetières par la putréfaction des matières organiques qui contiennent du phosphore. En s'échappant par les fissures de la terre, il produit des flammes qui effrayent quand on ne se rend pas compte du phénomène.

### Phosphure d'hydrogène liquide, $PhH^2 = 33$.

**Propriétés du phosphure d'hydrogène liquide.** — Le *phosphure d'hydrogène liquide* est très-inflammable et brûle spontanément au contact de l'air. Il est sans usages.

### Phosphure d'hydrogène solide, $Ph^2H = 63$.

**Propriétés du phosphure d'hydrogène solide.** — Quand on laisse abandonnées à elles-mêmes pendant une ou deux heures des éprouvettes de phosphure d'hydrogène liquide, il se dépose sur les parois des éprouvettes un solide jaune, appelé *phosphure d'hydrogène solide*, qui est sans usages. Le gaz qui reste est de l'hydrogène phosphoré pur.

--- ◆ ---

### Arsenic, $As = 75$.

**Propriétés de l'arsenic.** — *L'arsenic* est un corps simple, solide, d'une texture grenue. Quand on le casse, il a la couleur de l'acier poli, mais il se couvre au contact de l'air humide d'une poudre noire qui est probablement un oxyde d'arsenic. Sa densité est 5,8. Chauffé en vase ouvert, l'arsenic se vaporise sans se fondre; les vapeurs d'arsenic ont une odeur d'ail et sont dangereuses à respirer. Chauffé dans un vase fermé, il peut être fondu, parce qu'il est alors comprimé par les vapeurs qui se forment dans le vase.

**Préparation.** — On obtient l'arsenic en chauffant un mélange d'acide arsénieux et de charbon.

$$AsO^3 + 3C = 3CO + As.$$

Le charbon forme avec l'oxygène de l'oxyde de carbone qui se dégage, et les vapeurs d'arsenic se solidifient contre les corps froids.

**Usages.** — L'arsenic sert à la préparation de quelques alliages et des sulfures d'arsenic employés dans la peinture. Il entre dans la composition du papier appelé *mort aux mouches,* dont il ne faut se servir qu'avec précaution à cause de ses effets vénéneux.

### Combinaisons de l'arsenic avec l'oxygène.

L'arsenic forme avec l'oxygène deux acides : *l'acide arsénieux* et *l'acide arsénique.*

### Acide arsénieux, $AsO^3 = 99$.

**Propriétés de l'acide arsénieux.** — *L'acide arsénieux,* vulgairement nommé *arsenic blanc* et *mort aux rats,* est transparent, mais il devient opaque et ressemble alors à de la porcelaine. On le trouve pulvérisé dans le commerce sous forme de poudre blanche. Il est sans odeur ; mais quand on en met une petite quantité sur un charbon rouge, il dégage des vapeurs d'arsenic qui répandent une odeur d'ail. Il ne faut pas respirer de grandes quantités de ces vapeurs. L'acide arsénieux est peu soluble dans l'eau ; la solution rougit faiblement la teinture de tournesol.

**Préparation.** — On obtient l'acide arsénieux en grillant des arséniures au contact de l'air ; l'arsenic brûle avec l'oxygène de l'air et forme de l'acide arsénieux dont les vapeurs se condensent sur les parois des chambres dans lesquelles on dirige les produits de la combustion. On détache ensuite l'acide de ces parois.

**Usages.** — L'acide arsénieux est utilisé pour le chaulage du blé, mais seulement quand les champs sont infestés de petits animaux rongeurs ; son emploi dans ce cas exige une grande prudence et n'est jamais exempt de danger.

La médecine emploie l'acide arsénieux comme fébrifuge et contre les asthmes. C'est en donnant aux chevaux une légère dose de cet acide qu'on augmente à la fois leur ardeur et leur élégance. Il sert encore à empoisonner les rats et à conserver la peau des animaux empaillés.

### Acide arsénique, $AsO^5 = 115$.

**Propriétés de l'acide arsénique.** — *L'acide arsénique* est solide, blanc, plus soluble dans l'eau que l'acide arsénieux. On l'obtient en traitant l'acide arsénieux par l'acide azotique ou par l'eau régale.

### Combinaisons de l'arsenic avec le soufre.

L'arsenic forme avec le soufre deux sulfures qui sont employés en peinture : le *bisulfure d'arsenic* et le *trisulfure d'arsenic*.

### Bisulfure d'arsenic, $AsS^2 = 107$.

**Propriétés du bisulfure d'arsenic.** — *Le bisulfure d'arsenic*, connu dans le commerce sous le nom de *réalgar*, est rouge ; il existe dans la nature, mais on peut l'obtenir en combinant 1 équivalent d'arsenic avec 2 équivalents de soufre.

**Usages.** — Le réalgar fournit à la peinture une belle couleur rouge orangée. Avec le nitre et le soufre, il donne à la pyrotechnie le *feu indien* d'une blancheur éblouissante.

### Trisulfure d'arsenic, $AsS^3 = 123$.

**Propriétés du trisulfure d'arsenic.** — Le *trisulfure d'arsenic*, encore nommé *orpiment*, est jaune. On le trouve dans la nature. On l'obtient également en combinant 1 équivalent d'arsenic avec trois équivalents de soufre.

**Usages.** — L'orpiment est employé dans la peinture pour la teinture en jaune des toiles et des tissus, et pour dissoudre et désoxygéner l'indigo.

### Moyen de reconnaître les empoisonnements par les composés d'arsenic.

Les composés d'arsenic et surtout l'acide arsénieux sont souvent employés pour empoisonner. La science est venue donner à la justice les moyens de reconnaître le crime et de le punir. On se sert à cet effet de l'appareil suivant, connu sous le nom d'*appareil de Marsh* (*fig.* 55).

Un flacon A à deux tubulures contient de l'eau et de la grenaille de zinc. Par l'une des tubulures passe un tube droit B terminé supérieurement en entonnoir et

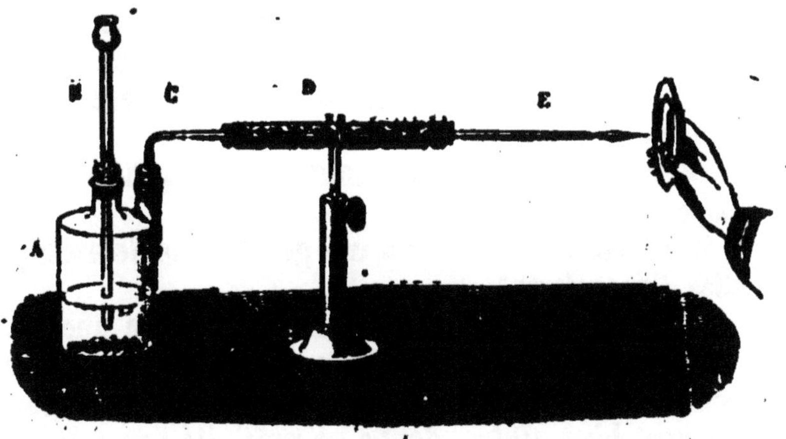



Fig. 55.

plongeant dans l'eau. Par l'autre tubulure passe un tube
abducteur C communiquant avec un tube plus large D
contenant de l'amiante ou simplement du coton : ce tube
se termine par un autre tube effilé E. On verse peu à peu
de l'acide sulfurique par le tube B, il se dégage de l'hydrogène, et lorsqu'on juge que tout l'air est chassé, on
allume le bec d'hydrogène à l'extrémité du tube E. Si
le zinc est bien pur, l'hydrogène ne forme en brûlant
que de la vapeur d'eau ; on s'en assure en exposant à
la flamme une soucoupe de porcelaine qui se mouille
sans qu'il se forme aucune tache.

Une fois qu'on est certain que le zinc est de bonne
qualité, on introduit par le tube B une petite quantité
d'un liquide que l'on soupçonne contenir de l'acide
arsénieux ; ce liquide peut provenir des matières contenues dans l'estomac ou vomies par la personne que
l'on suppose victime d'un empoisonnement. S'il y a
réellement dans le liquide de l'acide arsénieux, bientôt
la flamme change de couleur, elle devient livide : c'est
qu'alors ce n'est plus de l'hydrogène pur qui se dégage,
mais bien de l'hydrogène arsénié ($AsH^3$). Si l'on met
dans la flamme la soucoupe de porcelaine, il se forme à
l'endroit touché par la flamme une tache brune qui est
de l'arsenic métallique. De très-petites quantités d'arsenic telles qu'une simple goutte d'une solution d'acide
arsénieux donnent un grand nombre de taches.

On reconnaît que ces taches sont réellement de l'arsenic aux caractères suivants :

1º En les chauffant à la flamme d'hydrogène pur, elles
disparaissent rapidement.

2º En les touchant avec une goutte d'acide azotique,
elles disparaissent.

3º Si l'on chauffe doucement jusqu'à sec une tache
dissoute dans l'acide azotique, on obtient une petite
poudre blanche qui, touchée par une goutte d'azotate
d'argent *bien neutre*, donne un précipité rouge brique.

# CHAPITRE VI.

*Carbone. — Carbone pur : diamant, graphite, coke, noir de fumée. — Carbone impur : houille, anthracite, charbon de bois, noir animal. — Combinaisons du carbone avec l'oxygène : acide carbonique, oxyde de carbone. — Combinaisons du carbone avec l'hydrogène : hydrogène bicarboné, hydrogène protocarboné, gaz de l'éclairage. — Combinaisons du carbone avec l'azote et avec l'hydrogène : cyanogène, acide cyanhydrique. — Combinaison du carbone avec le soufre : sulfure de carbone. — Bore, sa nature. — Combinaison du bore avec l'oxygène : acide borique. — Silicium, ses propriétés. — Combinaison du silicium avec l'oxygène : silice ou acide silicique.*

### Carbone, C = 6.

Le *carbone* est un corps simple très-abondant dans la nature, mais rarement pur. On distingue deux sortes de carbone : le *carbone pur* et le *carbone impur*.

Carbone pur. — Le carbone pur se présente sous quatre aspects différents : 1º le *diamant;* 2º le *graphite* ou *mine de plomb,* 3º le *coke;* 4º le *noir de fumée.* Ces quatre corps, brûlés par l'oxygène, donnent le même résultat (acide carbonique), et ne sont par conséquent que des modifications d'un même corps.

Sous quelque état que l'on prenne le carbone, jusqu'à présent on n'a pu réussir ni à le fondre ni à le dissoudre; si l'on pouvait en obtenir une fusion ou une dissolution, il est probable qu'on pourrait le cristalliser et par conséquent obtenir du diamant.

En soumettant le charbon à l'action des courants électriques, on obtient des cristaux très-petits et qui semblent avoir beaucoup d'analogie avec la poussière de diamant.

1º *Le diamant.* Le diamant est du carbone pur et cristallisé. Si on l'a obtenu artificiellement, ce n'a guère été que sous forme de poussière; mais on le rencontre dans la nature, notamment dans les mines du Brésil, de Golconde et de l'île de Bornéo. C'est le plus dur de tous les corps, c'est-à-dire qu'il les raye tous et ne se laisse rayer par aucun d'eux. Parmi les diamants, il en est de plus durs les uns que les autres. Ils sont tantôt incolores, tantôt colorés en bleu, en rose, en vert ou en noir. La densité du diamant est 3,5.

Pour tailler le diamant, on emploie la poussière des diamants les plus durs : on en saupoudre une plaque d'acier huilée et qui tourne rapidement, et l'on applique sur cette plaque les différentes faces du diamant que l'on veut tailler. Les deux tailles principales sont la rose et le brillant. La taille en *rose* consiste en vingt-quatre facettes portant sur le même côté; le dessous du diamant est plat. Dans la taille en *brillant*, les deux côtés du diamant sont taillés.

La valeur des diamants est toujours très-élevée parce qu'ils sont rares : elle varie cependant selon qu'ils sont susceptibles ou non d'être taillés; elle dépend encore de la grosseur, de la pureté, de la forme, de la teinte, etc. Le poids d'un diamant est estimé en *carats* : un carat vaut 205 milligrammes. Le plus beau diamant, qui appartient à la couronne de France, est appelé *Régent*, parce qu'il fut acheté par le duc d'Orléans, régent pendant la minorité de Louis XV. Il coûta 2,500,000 francs : il vaut, dit-on, 6 millions, et quelques auteurs disent même le double; il pèse 136 carats et il en pesait 410 avant d'être taillé. La taille de ce diamant a coûté deux années de travail; c'est un des diamants de la plus grande pureté.

Le diamant est employé comme parure. Sa poussière sert à polir les diamants et les autres pierres précieuses. Les diamants très-durs, appelés *diamants de nature*, sont employés à faire de la poudre de diamant et servent aux vitriers à couper le verre. On en forme aussi des pivots pour l'horlogerie.

5.

2º *Le graphite ou mine de plomb.* Le graphite ou mine de plomb ou plombagine est encore du carbone pur ou associé à de petites quantités de fer : c'est une substance brillante, onctueuse, douce au toucher, s'attachant facilement aux doigts et laissant une trace sur le papier. On s'en sert pour confectionner des crayons et pour rendre conductrice de l'électricité la surface du bois, du plâtre, de la cire, etc., lorsqu'on veut recouvrir l'une de ces substances d'une couche métallique par la galvanoplastie.

3º *Le coke.* Le coke provient de la houille privée par la distillation des gaz et du bitume qu'elle contient. Sa couleur est d'un gris de fer. C'est le combustible qui produit en brûlant le plus de chaleur, mais il est sujet à s'éteindre, parce qu'il est bon conducteur du calorique et qu'il se refroidit en le laissant échapper. On s'en sert principalement pour alimenter les hauts fourneaux, les machines à vapeur et les locomotives.

4º *Le noir de fumée.* Le noir de fumée commercial, quand on l'épure, n'est plus que du carbone. Il s'obtient en brûlant des matières grasses ou des matières résineuses, et en faisant passer les produits de la combustion à travers une série de cylindres formés de sacs de toile : le noir de fumée s'attache à l'intérieur de ces sacs; il suffit de les frapper avec une baguette pour l'en détacher. On emploie le noir de fumée dans la peinture en noir, dans la fabrication de l'encre d'imprimerie, de l'encre de Chine, etc.

**Carbone impur.** — Le carbone impur forme : 1º la *houille* ou *charbon de terre*, 2º l'*anthracite* ou *charbon de pierre*, 3º le *charbon de bois*, 4º le *noir animal*.

1º *La houille* ou *charbon de terre.* La houille ou charbon de terre se trouve en mines dans l'intérieur de la terre et provient de la décomposition des matières végétales. Quand on la chauffe, elle dégage du gaz hydrogène carboné qui sert à l'éclairage, et laisse pour résidu du coke qui sert de combustible. Aujourd'hui la houille est employée concurremment avec le bois pour le chauffage domestique.

2° *L'anthracite* ou *charbon de pierre*. L'anthracite est encore nommé charbon de pierre. Cette substance, qui a beaucoup de ressemblance avec la houille, brûle difficilement et avec une flamme courte. L'anthracite frotté sur le papier laisse une trace noire. Pulvérisé et mêlé avec de la houille et de l'argile, il forme les bûches économiques de nos foyers.

3° *Le charbon de bois*. Le charbon de bois s'obtient en brûlant le bois à l'abri du contact de l'air.

Dans les forêts, on se contente de recouvrir le bois de gazon et on met le feu à la main; mais ce procédé est défectueux : car on n'empêche qu'imparfaitement le contact de l'air et on perd tous les produits de la distillation du bois. Ces produits consistent principalement en acide acétique ou vinaigre de bois, acétate de méthylène, esprit de bois, goudron, gaz hydrogène carboné, gaz oxyde de carbone.

Un procédé plus économique consiste à carboniser le bois dans des cylindres métalliques, ce qui permet de conduire les produits de la distillation que nous venons d'énumérer dans un vase contenant de l'eau froide où les quatre premiers produits se condensent, et on les isole ensuite l'un de l'autre par différentes manipulations pour différents usages industriels; les gaz hydrogène carboné et oxyde de carbone étant combustibles, sont conduits au feu par un tube spécial et servent à entretenir le feu sous les cylindres.

Le charbon de bois absorbe les gaz en quantité variable suivant la nature du charbon et la nature des gaz. Un morceau de charbon peut absorber jusqu'à 55 fois son volume d'acide sulfhydrique et 90 fois son volume de gaz ammoniac; mais il faut qu'il ait d'abord perdu l'air qui est naturellement contenu dans ses pores. Si l'on se propose par exemple d'enlever les gaz qui sont en solution dans l'eau tirée d'une mare, il faut y éteindre un charbon rouge : à cette température le charbon ne retient que bien peu du gaz, quel qu'il soit, que ses pores pouvaient auparavant renfermer.

Le charbon de bois est employé surtout comme combustible, et particulièrement pour la cuisine. On s'en sert encore comme désinfectant parce qu'il absorbe les gaz. Tantôt on en forme d'excellents filtres pour purifier l'eau en plaçant au fond d'un vase percé des couches alternatives de sable et de charbon de bois pilé. Tantôt on conserve les viandes ou on les désinfecte en les plongeant dans la poussière de charbon. En éteignant quelques charbons dans l'eau qui sert à cuire la viande ou le poisson, surtout dans l'été, on enlève ainsi l'odeur que donne à ces aliments la chaleur ou un temps d'orage.

4° *Le noir animal.* Le noir animal ou charbon animal s'obtient en chauffant à l'abri du contact de l'air les matières animales et principalement les os. On remplit d'os plusieurs marmites de fonte, on les superpose de manière que la deuxième serve de couvercle à la première, ainsi de suite, excepté la dernière qui est munie d'un couvercle; on chauffe, et après la calcination on a une matière noire que l'on réduit en poudre et qui est le *noir animal.*

Ce charbon se combine facilement avec les matières colorantes; aussi est-il employé dans les distilleries pour clarifier les sirops et autres jus sucrés, les vinaigres, etc. Une expérience fort simple démontre la propriété décolorante de ce charbon. On en met une certaine quantité dans du vin rouge, on chauffe légèrement, puis on filtre la liqueur; elle passe incolore comme de l'eau ordinaire.

En agriculture, le noir animal est employé pour amender les terres. Il retient en effet une certaine quantité de matières organiques azotées et d'éléments minéraux, tels que le phosphate et le carbonate de chaux, qui se combinent avec la terre et contribuent à sa fertilité.

## Combinaisons du carbone avec l'oxygène.

Le carbone forme avec l'oxygène deux composés gazeux : l'*acide carbonique* et l'*oxyde de carbone*.

### Acide carbonique, $CO^2 = 22$.

**Propriétés de l'acide carbonique.** — L'*acide carbonique* est un gaz incolore, d'une odeur et d'une saveur aigrelette et piquante; il éteint une bougie allumée, rougit faiblement la teinture de tournesol et blanchit l'eau de chaux en formant avec la chaux un carbonate insoluble. Sa densité est 1,529.

L'acide carbonique peut être liquéfié sous une pression de 36 atmosphères et à la température 0°. Si la température augmente, la tension de la vapeur devient égale à 50 atmosphères à 15° et à 75 atmosphères à 30°, ce qui a fait songer à l'employer comme force motrice, mais sans qu'on ait obtenu jusqu'à présent aucun résultat satisfaisant. Si de plus on laisse échapper dans l'air cette vapeur avec un appareil convenable, une portion de l'acide liquide est solidifiée sous forme de neige. Quand il est dans cet état, un corps que l'on y plonge descend au-dessous de — 90° : aussi peut-on solidifier ainsi soit du mercure, soit diverses matières gazeuses qu'on n'avait pu ramener auparavant qu'à l'état liquide.

Il est peu soluble dans l'eau à la température et à la pression ordinaires; mais quand on augmente la pression, l'eau peut en dissoudre plusieurs fois son volume. L'eau ainsi chargée d'une grande quantité d'acide carbonique s'appelle *eau de Seltz*.

L'acide carbonique n'est pas ou est peu délétère, mais il est impropre à la respiration. Qu'une pièce contienne 30 pour 100 d'acide carbonique, l'homme périt asphyxié, et l'asphyxie aura lieu plus tôt s'il se forme en même temps de l'oxyde de carbone, qui est délétère. D'où la nécessité de ventiler fortement toute enceinte où se trouvent plusieurs personnes et qui est éclairée par de nombreuses lumières. Il faut à un homme, pour qu'il puisse respirer librement, environ 8 mètres cubes d'air par heure.

Il existe un moyen très-simple de s'assurer que l'air d'une salle contient une grande quantité d'acide carbonique : c'est d'y introduire une bougie allumée et fixée au bout d'une perche : si la bougie s'éteint, c'est une preuve que l'air contient une quantité d'acide carbonique considérable; avant d'y pénétrer, il faudra établir un courant d'air, ou, si cela est impossible, y jeter de la chaux délayée dans l'eau, la chaux absorbant l'acide carbonique.

Le jus de raisin, pendant la fermentation, dégage de grandes quantités d'acide carbonique : aussi doit-on éviter sous peine de la vie de trop s'approcher des cuves et plus encore d'y descendre. De même, il faut se garder de pénétrer dans des grottes inconnues, dans des mines abandonnées, etc., sans s'être assuré préalablement de la pureté de l'air, en y introduisant une torche ou une bougie allumée.

Dans quelques localités le sol dégage naturellement de l'acide carbonique. Ainsi en Italie, près de Pouzzoles, il existe une grotte qui contient toujours à la surface de la terre une couche d'environ un mètre de ce gaz. Les chiens sont asphyxiés quand ils y entrent, parce qu'ils plongent entièrement dans ces couches qui ne sont pas respirables, tandis que l'homme, ayant la tête à une plus grande hauteur, peut respirer librement. Cette grotte est connue sous le nom de *grotte du Chien.*

**Préparation.** — On obtient de l'acide carbonique dans les laboratoires en décomposant le marbre blanc (carbonate de chaux) par l'acide chlorhydrique.

*Réaction :*
Carbonate de chaux.

$\left\{\begin{array}{l} CO^2. \\ CaO. \left\{\begin{array}{l} Ca\dots\dots\dots\dots\dots \\ O\dots\dots \\ H\dots\dots \\ Cl\dots\dots\dots\dots\dots \end{array}\right. \end{array}\right.$

Acide chlorhydrique.............

HO.   CaCl.

L'acide chlorhydrique se combinant avec la chaux forme de l'eau (HO) et du chlorure de calcium (CaCl); l'acide carbonique libre se dégage.

$$CaO,CO^2 + HCl = HO + CaCl + CO^2.$$

On introduit le marbre cassé par petits morceaux dans un flacon A à deux tubulures (*fig.* 34); on ajoute de l'eau, puis on verse peu à peu par un long tube droit BC de l'acide chlorhydrique; aussitôt le dégagement d'acide carbonique se fait par le tube abducteur E; le gaz est recueilli dans des éprouvettes pleines d'eau. Le chlorure de calcium reste en solution dans l'eau du flacon; pour le retirer, il suffit de filtrer la liqueur et de la chauffer ensuite afin de vaporiser l'eau. Ce chlorure de calcium peut servir à dessécher les gaz.

Lorsqu'on veut obtenir de grandes quantités d'acide carbonique, on remplace l'acide chlorhydrique par l'acide sulfurique; mais alors il faut remuer souvent le mélange,

Fig. 34.

parce qu'il se forme du sulfate de chaux presque insoluble, et le sulfate, recouvrant le carbonate de chaux, l'em-
pêcherait bientôt d'être attaqué par l'acide sulfurique.

**Usages.** — L'acide carbonique est très-répandu dans
la nature, puisque l'homme et tous les animaux en produisent à chaque instant par la respiration, et qu'il se
forme par la combustion et la fermentation de toutes les
matières organiques.

On a essayé d'employer l'acide carbonique en médecine dans certains cas d'irritation pulmonaire et pour
prévenir la formation du gravier ou en faciliter la dissolution ; mais son principal usage est dans la préparation
de l'eau de Seltz artificielle, particulièrement convenable
aux personnes qui ont l'estomac faible et qui digèrent
difficilement.

Pour préparer en grand l'eau de Seltz, on introduit
dans un appareil séparé les matières nécessaires à la
production d'une grande quantité d'acide carbonique,
c'est ordinairement du carbonate de chaux et de l'acide
sulfurique ou chlorhydrique ; on fait communiquer par
un tube l'appareil avec un grand vase contenant de
l'eau et bien fermé : l'acide carbonique se comprime
lui-même et se dissout peu à peu dans l'eau ; on soutire ensuite cette eau en bouteilles.

Dans les ménages, on prépare soi-même l'eau de Seltz
en mélangeant deux poudres blanches dont l'une est de
l'acide tartrique et l'autre du bicarbonate de soude.
L'acide tartrique en se dissolvant se combine avec la
soude et forme du tartrate de soude, qui reste dissous
ainsi que l'acide carbonique devenu libre. Lorsqu'on introduit les deux poudres dans une bouteille pleine d'eau,
il faut la boucher et la laisser renversée pendant dix à
quinze minutes.

Ce système a l'inconvénient de laisser dans l'eau de
Seltz le tartrate de soude, qui n'est pas d'ailleurs nuisible à la santé. Il est donc préférable de se servir de

l'appareil suivant (*fig.* 35), qui ne permet pas le mélange des deux produits. L'eau est contenue dans le vase supérieur A et les deux poudres dans le vase inférieur B. L'acide carbonique formé dans le vase inférieur monte par le tube S et se dissout dans l'eau du vase supérieur. Au bout de quinze minutes environ, on peut se servir de l'eau de Seltz en la soutirant par le robinet C à mesure que l'on veut boire.

Le même appareil peut servir à convertir le vin blanc ordinaire en vin mousseux comme le vin de Champagne.

Fig. 35.

## Oxyde de carbone, $CO = 14$.

**Propriétés de l'oxyde de carbone.** — L'*oxyde de carbone* est un gaz incolore, sans odeur et sans saveur; sa densité est 0,976. Quand on y met le feu, il brûle au contact de l'air avec une belle flamme bleue et se change en acide carbonique en absorbant un équivalent de l'oxygène de l'air.

$$CO + O = CO_2.$$

L'oxyde de carbone est un gaz très-délétère, d'autant plus dangereux qu'il est sans odeur, et que, par conséquent, on n'est pas prévenu de sa présence. C'est à ce gaz qu'il faut attribuer généralement les asphyxies par le charbon.

L'oxyde de carbone se forme fréquemment dans les usines, parce que l'on obtient les métaux purs en chauffant les oxydes métalliques mêlés avec du charbon : le charbon s'emparant de l'oxygène forme de l'oxyde de carbone, et le métal est libre. On le trouve aussi dans la nature, puisque de récents travaux prouvent que les

plantes ne décomposent pas complétement l'acide carbonique, comme on le croyait auparavant, mais qu'elles
expirent à la fois de l'oxyde de carbone et de l'oxygène.

**Préparation.** — On obtient le gaz oxyde de carbone
dans les laboratoires en décomposant l'acide oxalique
$C_2O_3$,HO par l'acide sulfurique.

$$\text{Réaction :} \quad \begin{array}{l} \text{Acide oxalique...} \\ \\ \text{Acide sulfurique.} \end{array} \left\{ \begin{array}{l} C_2O_3. \left\{ \begin{array}{l} CO_2. \\ CO. \end{array} \right. \\ HO..... \\ SO_3... \end{array} \right\} SO_3,HO.$$

L'acide sulfurique prend l'eau de l'acide oxalique et
celui-ci se décompose alors en acide carbonique $CO_2$ et
en oxyde de carbone CO.

On introduit l'acide oxalique et l'acide sulfurique dans
une cornue de verre A (*fig.* 36). En élevant la température, la réaction a lieu, et les deux gaz acide carbonique
et oxyde de carbone se rendent dans une solution de
potasse contenue dans le flacon B ; l'acide carbonique se
combine avec la potasse, tandis que l'oxyde de carbone
se dégage : on le recueille sur la cuve à eau C.

Fig. 36.

**Usages.** — Le gaz oxyde de carbone occasionne malheureusement des asphyxies trop fréquentes. Il est sans
usage ; cependant on pourrait utiliser celui qui se forme

dans les usines où l'on chauffe les oxydes métalliques mêlés avec du charbon, en le conduisant sous les fourneaux où il donnerait beaucoup de chaleur par sa combustion.

### Combinaisons du carbone avec l'hydrogène.

Le carbone forme avec l'hydrogène deux gaz et un grand nombre de carbures liquides et solides. Nous étudierons ici les deux gaz seulement : ce sont l'*hydrogène bicarboné* et l'*hydrogène protocarboné*.

### Hydrogène bicarboné, $C^4H^4 = 28$.

**Propriétés de l'hydrogène bicarboné.** — *L'hydrogène bicarboné* ou *gas oléfiant* est un gaz incolore, d'une odeur empyreumatique ; une forte pression peut le liquéfier ; sa densité est 0,985. Il est impropre à la combustion et à la respiration. Quand on y met le feu, il brûle au contact de l'air avec une flamme blanche trèséclairante et forme, avec l'oxygène de l'air, de la vapeur d'eau et de l'acide carbonique ; mais une petite quantité de carbone ne brûle pas, faute d'une quantité suffisante d'oxygène, et c'est cette portion de carbone qui éclaire. On peut constater l'excès de carbone en plaçant un corps froid au-dessus d'un bec de gaz allumé ; le corps froid ne tarde pas à être noirci par le dépôt des parcelles de charbon ou noir de fumée.

L'hydrogène bicarboné est peu soluble dans l'eau, mais il se dissout facilement dans l'acide sulfurique.

Si l'on mélange dans un flacon 1 volume d'hydrogène bicarboné avec 3 volumes d'oxygène, et si l'on y met le feu, on obtient une violente détonation qui brise le verre ; aussi faut-il soigneusement l'envelopper. Ce gaz mêlé avec l'air formerait également un mélange détonant.

Quand on met le feu à un mélange de 1 volume d'hydrogène bicarboné et de 2 volumes de chlore, on obtient une combustion du chlore avec l'hydrogène ayant pour résultat de l'acide chlorhydrique gazeux; mais il se forme en même temps un dépôt de charbon sur les parois de l'éprouvette.

Si l'on expose à la lumière, à la température ordinaire, un mélange à volumes égaux d'hydrogène bicarboné et de chlore, ces gaz se combinent et forment un liquide huileux d'une odeur agréable, nommé *liqueur* ou *huile des Hollandais :* c'est pour cette raison que l'hydrogène bicarboné est nommé *gas oléfiant.*

**Préparation.** — On obtient l'hydrogène bicarboné en chauffant un mélange d'une partie d'alcool et de 5 à 6 parties d'acide sulfurique.

$$\text{Réaction :}$$
$$\text{Alcool.....} \mid C^4H^6O^2. \begin{cases} C^4H^4, \\ 2\,HO........ \\ SO^3........ \end{cases} SO^3, 2\,HO.$$
$$\text{Acide sulfurique........} \mid SO^3$$

L'acide sulfurique prend à l'alcool 2 équivalents d'hydrogène et 2 équivalents d'oxygène, et se combine avec les 2 équivalents d'eau qui en résultent; de sorte que l'alcool est ainsi transformé en gaz hydrogène bicarboné, qui se dégage, et en 2 équivalents d'eau, qui restent combinés avec l'acide sulfurique.

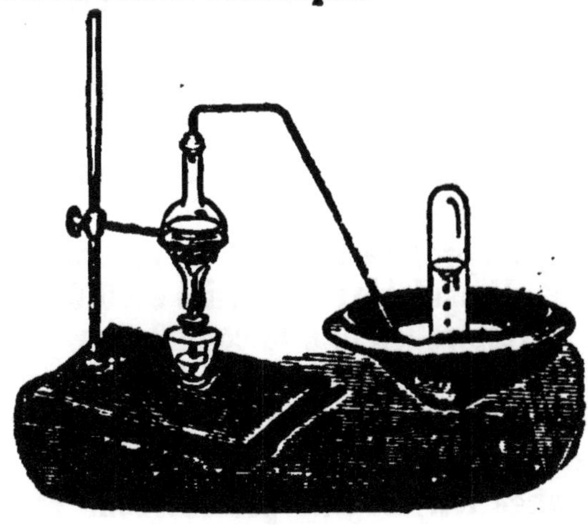

Fig. 37.

On introduit le mélange d'alcool et d'acide sulfurique dans un ballon matras de verre (*fig.* 37), chauffé par une lampe à esprit-de-vin ; on fait communiquer ce matras avec des flacons laveurs quand on veut avoir le gaz pur. Il faut chauffer légèrement et employer une cornue capable de contenir trois ou quatre fois la quantité de liquide qu'on y a versée. Bientôt le gaz s'échappe, mais le liquide noircit : ce qui prouve que la réaction est plus compliquée que la théorie ne l'indique, et il faut arrêter l'expérience avant que le dépôt de carbone soit considérable, parce que la réaction de ce carbone sur l'acide sulfurique donnerait lieu à un dégagement d'acide carbonique et d'acide sulfureux. Du reste, on peut se débarrasser de ces deux gaz en les faisant passer à travers une dissolution de potasse.

**Usage.** — Le gaz hydrogène bicarboné n'existe pas dans la nature. Il n'est jamais employé seul, mais il forme par son mélange avec l'hydrogène protocarboné le gaz de l'éclairage dont nous parlerons ci-après.

### Hydrogène protocarboné, $C^2H^4 = 16$.

**Propriétés de l'hydrogène protocarboné.** — L'*hydrogène protocarboné* est encore nommé *gas des marais*, parce qu'il existe au fond des marais au-dessous de la croûte de débris végétaux qui s'y trouvent. On peut même l'en retirer eu perçant cette croûte avec une perche et en disposant au-dessus un flacon plein d'eau et maintenu renversé. Le gaz ainsi recueilli est toujours mêlé d'azote et d'acide carbonique.

L'hydrogène protocarboné est un gaz incolore, d'une odeur assez désagréable ; sa densité est 0,559. Il est impropre à la respiration et à la combustion. Quand on y met le feu, il brûle au contact de l'air avec une longue flamme bleuâtre, et forme de l'acide carbonique et de la vapeur d'eau.

Un mélange d'hydrogène protocarboné et d'oxygène

détone violemment par l'étincelle électrique ou par le contact de la flamme d'une bougie. Or le gaz se dégage naturellement dans les mines de charbon de terre, où il forme avec l'oxygène de l'air le mélange détonant auquel malheureusement les ouvriers mettent le feu avec leurs lampes : c'est ce qu'on appelle le *feu grisou*, qui coûtait la vie chaque année à de nombreux ouvriers. On évite ce funeste accident avec la lampe de sûreté de Davy (*fig. 38*). Cette lampe L est entourée d'une toile métallique, en sorte que l'explosion n'a lieu que dans la lampe, la flamme étant refroidie par la toile métallique; naturellement la lampe s'éteint; mais il y a dans la lampe un fil de platine A qui reste rouge pendant quelque temps et qui éclaire suffisamment l'ouvrier pour le guider dans sa retraite. M. Combes, par une modification heureuse, a donné à la flamme une enveloppe de cristal surmontée du cylindre en toile métallique.

Fig. 38.

**Préparation.** — On obtient dans les laboratoires le gaz hydrogène protocarboné en chauffant un mélange d'acétate de soude et de baryte : l'acide acétique se décompose en 2 équivalents d'acide carbonique et en hydrogène protocarboné; les 2 équivalents d'acide carbonique se combinent avec la soude et avec la baryte et forment du carbonate de soude et du carbonate de baryte :

$$
\begin{array}{l}
\text{Réaction :} \\
\text{Acétate } \left\{ \text{Acide acétique.... } C^4H^4O^4. \left\{ \begin{array}{l} C^2H^4. \\ CO^2\dots\dots\dots\dots\dots \\ CO^2\dots; \ \dots NaO,CO^2. \end{array} \right. \right. \\
\text{de} \\
\text{soude. } \left\{ \text{Soude.............. } NaO\dots\dots\dots; \right. \\[2mm]
\quad\quad \text{Baryte............. } BaO \dots\dots\dots\dots\dots\dots \\[2mm]
\quad\quad\quad\quad\quad\quad\quad\quad\quad\quad\quad BaO,CO^2
\end{array}
$$

Celte réaction est représentée par l'équation

$$NaO,C^4H^4O^4 + BaO = NaO,CO^2 + BaO,CO^2 + C^2H^4.$$

**Usage.** — L'hydrogène protocarboné n'est pas employé seul ; il forme avec l'hydrogène bicarboné le gaz de l'éclairage, d'un usage si général aujourd'hui dans les grandes villes.

**Gaz de l'éclairage.** — Le gaz de l'éclairage, mélange d'hydrogène bicarboné et d'hydrogène protocarboné, brûle au contact de l'air quand on y met le feu. La flamme est blanche ; elle éclaire bien, parce qu'une partie du carbone échappe à la combustion faute d'oxygène, et que par sa présence il augmente l'intensité de la lumière, comme nous l'avons dit plus haut. Les résultats de la combustion sont de la vapeur d'eau et de l'acide carbonique.

Le gaz d'éclairage seul est impropre à la combustion : il faut le contact de l'oxygène. Ainsi une bougie allumée s'éteindrait dans ce gaz ; au contraire, un mélange de gaz de l'éclairage et d'air détonerait avec une grande violence. Il faut donc bien se garder d'entrer avec une bougie allumée dans une pièce où l'on craint qu'il n'y ait une fuite de gaz ; on doit, dans ce cas, établir un courant d'air avant d'y pénétrer. Les fuites se reconnaissent facilement à l'odeur forte et empyreumatique du gaz.

**Fabrication du gaz d'éclairage.** — On peut obtenir le gaz de l'éclairage par la distillation de plusieurs combustibles, mais on emploie principalement la houille ou charbon-de terre ; la composition du gaz varie suivant la nature du charbon, suivant la température à laquelle on le soumet et suivant la durée de la distillation. Les premières quantités de gaz sont riches en carbone ; mais après deux heures de feu, l'hydrogène qui se dégage est si peu carboné que son mélange avec les premiers gaz diminuerait trop leur pouvoir éclairant.

On chauffe le charbon de terre dans des cylindres de
fer : le résidu de la distillation est du coke; les produits
volatils contiennent, indépendamment du gaz de l'éclairage, des goudrons et des sels ammoniacaux, tels que
le carbonate d'ammoniaque et le sulfhydrate d'ammoniaque.

Les produits volatils de la distillation de la houille
traversent d'abord un vase froid, dans lequel les matières goudronneuses se liquéfient; ensuite le gaz passe
dans un vase contenant de l'eau qui dissout les sels
d'ammoniaque; de-là il se rend au gazomètre A par le
tube T (*fig.* 39). Ce gazomètre est une grande cloche
métallique pleine d'eau et maintenue renversée dans
une cavité B contenant elle-même de l'eau. La pression
du gazomètre étant trop forte, on la diminue à l'aide
d'une poulie et d'un contre-poids C. Le gaz se rend
ensuite du gazomètre dans le tube T', qui se ramifie
jusqu'aux becs de gaz.

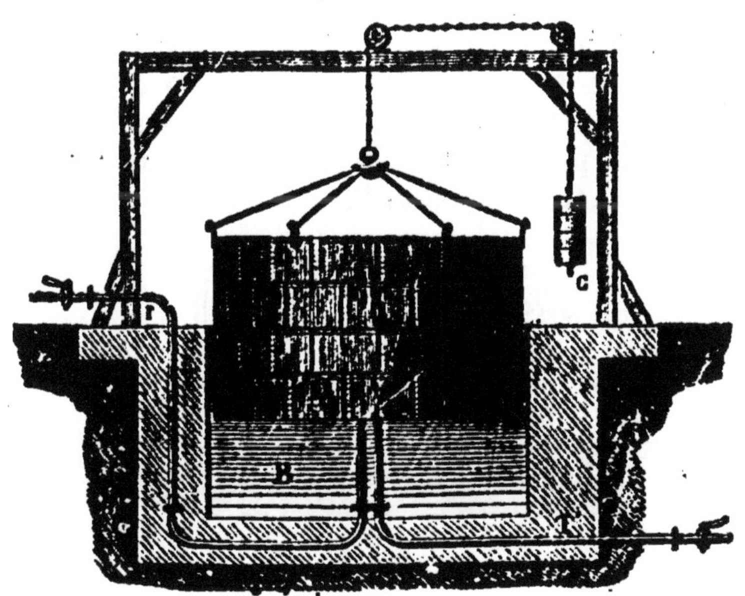

Fig. 39.

### Combinaisons du carbone avec l'azote et l'hydrogène.

Le carbone forme avec l'azote un composé gazeux nommé *cyanogène*, et ce composé combiné avec l'hydrogène forme l'*acide cyanhydrique*.

### Cyanogène, $C^2Az$ ou $Cy = 26$.

**Propriétés du cyanogène.** — Le *cyanogène* est un gaz incolore, d'une odeur vive et pénétrante qui ressemble à celle du kirsch. Sa densité est 1,806; il peut être liquéfié et même solidifié. Le cyanogène brûle au contact de l'air quand on y met le feu; sa flamme a une couleur tirant sur le pourpre. Un litre d'eau en dissout environ 5 litres.

Le cyanogène se combine avec les autres corps absolument comme s'il était lui-même corps simple.

**Préparation.** — Le cyanogène se prépare en chauffant du cyanure de mercure dans une cornue de verre A (*fig.* 40) : le cyanogène se dégage, et le mercure se condense à la partie supérieure de l'appareil; on reçoit le gaz dans la cuve à mercure B.

Fig. 41.

Le cyanogène est sans usage, mais il forme avec l'hydrogène un corps très-dangereux, l'acide cyanhydrique.

### Acide cyanhydrique, $HCy = 27$.

**Propriétés de l'acide cyanhydrique.** — L'*acide cyanhydrique*, nommé encore *acide prussique*, est un liquide incolore, d'une odeur d'amandes amères, se décomposant en peu de temps quand il est pur, se conservant mieux quand il est étendu d'eau. C'est un des poisons les plus violents : quand il est pur, sa vapeur empoisonne subitement; quand on touche l'œil d'un chien avec la barbe d'une plume qu'on a d'abord trempée dans cet acide, l'animal meurt comme s'il était foudroyé.

**Préparation.** — On obtient l'acide cyanhydrique pur en décomposant le cyanure de mercure par l'acide chlorhydrique.

*Réaction :*
Cyanure de mercure. $\left\{ \begin{array}{l} Cy\dots\dots\dots\dots\dots\dots\dots \\ Hg\dots\dots \end{array} \right.$

Acide chlorhydrique. $\left\{ \begin{array}{l} Cl\dots\dots \\ H\dots\dots\dots\dots\dots\dots \end{array} \right.$

$HgCl.$        $HCy.$

Le chlore se combine avec le mercure et forme du chlorure de mercure; l'hydrogène se combine avec le cyanogène et forme de l'acide cyanhydrique.

Cet acide existe en petite quantité dans les amandes amères, dans les feuilles du laurier-cerise, etc.

**Usage.** — L'acide cyanhydrique étendu d'une grande quantité d'eau est employé quelquefois en médecine; son usage est rare et demande de grandes précautions.

### Combinaisons du carbone avec le soufre.

Le soufre forme avec le carbone deux composés, le *protosulfure de carbone*, gazeux et inflammable, qui n'est d'aucun usage, et le *bisulfure de carbone*, depuis longtemps connu sous les noms de *sulfure de carbone* proprement dit, de *sulfure de carbone de Lampadius* ou d'*acide sulfocarbonique*.

### Sulfure de carbone, $CS^2 = 38$.

**Propriétés du sulfure de carbone.** — Le *sulfure de carbone* est un liquide incolore, d'une odeur forte et très-désagréable qui rappelle celle des choux pourris. Sa densité à 15° est 1,1271, il bout à 46° et ne se congèle pas. Il est insoluble dans l'eau, mais soluble dans l'alcool et dans l'éther. Il s'évapore rapidement à la température ordinaire et produit un froid considérable. Quand on y met le feu, il brûle avec une flamme bleue et forme de l'acide carbonique et de l'acide sulfureux. Le sulfure de carbone dissout parfaitement le soufre, le phosphore, le caoutchouc et la gutta-percha. Il se combine avec les sulfures métalliques, comme les oxydes avec les acides oxygénés, et c'est pour cette raison qu'il a reçu le nom d'acide *sulfocarbonique*.

**Préparation.** — On prépare le sulfure de carbone en chauffant de la braise au rouge dans une cornue de grès A (*fig.* 41). Cette cornue tubulée est munie d'un tube B fermé par un bouchon ; de temps en temps on laisse tomber par ce tube des fragments de soufre qui ne peuvent brûler, puisqu'il n'y a pas d'air ; les vapeurs de soufre se combinent avec le carbone de la braise et forment du sulfure de carbone dont les vapeurs se dégagent par une allonge et se rendent dans un flacon C contenant de l'eau froide ; les vapeurs se condensent dans ce vase froid et forment au fond de l'eau un liquide

jaunâtre parce qu'il contient un peu de soufre en dissolution, mais que l'on obtient tout à fait incolore en le
distillant.

Fig. 11.

**Usages.** — Le sulfure de carbone est très-employé
pour dissoudre le caoutchouc, afin de l'appliquer sur les
étoffes, et pour *vulcaniser*, c'est-à-dire pour combiner
avec un peu de soufre le caoutchouc et la gutta-percha,
ce qui rend ces deux substances inaltérables au contact
de l'eau et propres à remplir une foule de destinations.
On se sert également du sulfure de carbone pour dissoudre le soufre et le phosphore et les faire ensuite
cristalliser par l'évaporation de la liqueur.

**Bore, B = 11.**

**Propriétés du bore.** — Le *bore* est un corps simple,
tantôt cristallisable, tantôt amorphe sous forme de
poudre d'un brun verdâtre. On le retire de l'acide
borique. Il est sans usages.

## Combinaison du bore avec l'oxygène.

Le bore forme avec l'oxygène un seul composé, l'*acide borique*.

### Acide borique, $BO^3 = 35$.

**Propriétés de l'acide borique.** — *L'acide borique* se présente sous la forme de petites paillettes blanches, nacrées, douces au toucher; il est connu en médecine sous le nom de *sel sédatif de Homberg*. Il est peu soluble dans l'eau, plus soluble dans l'alcool, et communique à la flamme de ce dernier liquide une couleur verte.

**Préparation.** — L'acide borique existe en solution dans certains lacs de Toscane, d'où on le retire par évaporation.

Dans les laboratoires, on l'obtient en décomposant le borate de soude (borax) par l'acide sulfurique.

**Usages.** — L'acide borique sert principalement à la fabrication du borax ou borate de soude usité comme fondant pour la soudure de plusieurs métaux; c'est sa principale utilité. On l'emploie encore dans la fabrication des bougies stéariques pour courber les mèches et pour vitrifier leurs cendres, et, dans les laboratoires, pour les analyses au chalumeau. En effet, si on le fond avec des sels métalliques, il dissout les oxydes métalliques et forme une espèce de verre diversement coloré suivant l'oxyde avec lequel il s'est combiné. Comme il se vitrifie par la fusion, il entre dans la composition du diamant et des pierres précieuses artificielles, et dans le vernissage de certaines poteries. Nous avons vu plus haut son usage en médecine.

### Silicium, Si = 21.

**Propriétés du silicium.** — Le *silicium* est un corps simple, solide, qui se présente, suivant la manière dont on l'obtient, tantôt sous une forme cristalline, qui ne brûle pas même au rouge blanc dans l'oxygène, tantôt sous forme d'une poudre brune qui s'enflamme quand on la chauffe au contact de l'air. Ce corps est sans usages; mais il forme avec l'oxygène un composé très-utile.

### Combinaison du silicium avec l'oxygène.

Le silicium forme avec l'oxygène un seul composé, la *silice* ou *acide silicique*.

### Silice ou acide silicique, $SiO^3$ = 45.

**Propriétés de la silice.** — La *silice pure* ou *acide silicique* est une substance blanche, insoluble dans l'eau. Elle ne fond pas au feu de forge; mais on peut la tirer en fils très-minces quand on la chauffe au chalumeau à mélange détonant. Le *cristal de roche* ou *quartz hyalin* est de la silice pure. Différentes variétés de silices moins pures forment les autres espèces de quartz, le sable, le grès, le silex, la pierre meulière, l'opale, etc. Elle est aussi très-répandue dans le règne végétal.

En traitant le quartz à la chaleur rouge par du carbonate de soude sec, on obtient du silicate de soude soluble, et si l'on ajoute à la dissolution quelques gouttes d'acide sulfurique ou chlorhydrique, on précipite sous forme gélatineuse la silice qui est alors soluble dans l'eau. La silice gélatineuse prend naturellement naissance par la décomposition des roches siliceuses sous l'influence des agents atmosphériques; c'est pourquoi on trouve la silice en dissolution dans les eaux qui coulent à la surface de la terre, et dans certaines eaux thermales telles que les *geisers* d'Islande.

**Usages.** — La silice pure n'est pas employée, mais on se sert fréquemment des corps siliceux qu'on rencontre abondamment dans la nature. Le grès est employé pour le pavage, la pierre meulière pour les constructions, le silex comme briquet pour obtenir du feu par la percussion, le sable pour préparer dans l'industrie les silicates dont il sera question à propos des sels. C'est encore le sable qui rend la terre meuble et perméable. La décomposition des silicates par l'atmosphère fournit, sous la forme gélatineuse soluble, la silice nécessaire au développement de certaines plantes, notamment des céréales.

# DEUXIÈME PARTIE.

## MÉTAUX,

### PRINCIPAUX COMPOSÉS QU'ILS FORMENT ENTRE EUX.

## CHAPITRE PREMIER.

### Métaux.

Caractères des métaux. — Propriétés physiques des métaux. — Propriétés chimiques des métaux. — Action de l'oxygène, de l'air et de l'eau sur les métaux. — Action du soufre et du chlore sur les métaux. — Action de la chaleur : chalumeau. — État des métaux dans la nature. — Classification des métaux. — Emploi des métaux. — Notions de métallurgie.

**Caractères des métaux.** — Les *métaux* ont pour caractères distinctifs d'être opaques, bons conducteurs de la chaleur et de l'électricité et de former des oxydes en se combinant avec l'oxygène. Ils sont tous solides à la température ordinaire, excepté le mercure qui est liquide. Leur couleur est généralement d'un gris blanc ou bleuâtre, excepté l'or qui est jaune, le cuivre qui est rouge, et deux ou trois autres sans utilité. Ils présentent un éclat particulier qu'on appelle *éclat métallique* et qui augmente par la fusion ou par le frottement. Quelques métaux acquièrent par le frottement une odeur désagréable et caractéristique : tels sont le fer, le cuivre, le plomb, l'étain.

**Propriétés physiques des métaux.** — Les principales propriétés physiques des métaux sont l'opacité, la densité, la dureté, la malléabilité, la ductilité, la ténacité, la fusibilité.

*Opacité.* L'opacité d'un corps consiste à n'être pas transparent. Celle des métaux n'est point absolue : car si on les réduit en feuilles minces, ils laisseront passer la lumière. En regardant à travers une feuille d'or on la voit de couleur verte.

*Densité.* La densité des métaux varie depuis la densité du potassium et du sodium, qui est plus faible que celle de l'eau, jusqu'à la densité du platine, qui est vingt et une fois et demie celle de l'eau.

*Dureté.* La dureté des métaux est très-variable : le métal le moins dur est certainement le mercure, puisqu'il est liquide ; le potassium et le sodium sont mous et se coupent avec l'ongle ; le zinc, le plomb et l'étain sont faciles à rayer ; mais le fer et le manganèse sont très-durs.

*Malléabilité.* La malléabilité, ou propriété des métaux de pouvoir être réduits en lames minces par l'action du marteau ou par celle du laminoir, est aussi très-variable ; généralement les métaux sont plus malléables à chaud qu'à froid. L'or, l'argent et le cuivre sont très-malléables.

Le *laminoir* consiste en deux cylindres d'acier ou de fonte que l'on rapproche à volonté : pendant qu'ils tournent en sens contraire, on fait passer entre eux le métal à laminer qui s'amincit en feuilles plus ou moins épaisses.

*Ductilité.* La ductilité est la propriété qu'ont les métaux de pouvoir être tirés en fils plus ou moins minces au moyen de la filière.

La *filière* consiste en une plaque d'acier percée de trous d'un diamètre de plus en plus petit : on amincit une extrémité du métal que l'on engage à travers le trou nᵒ 1 qui a le plus grand diamètre, on la saisit avec une pince, on tire le métal à travers l'ouverture et on

6.

obtient un fil d'un gros diamètre; on amincit de nouveau l'extrémité de ce fil et on le fait passer successivement par les autres trous n<sup>os</sup> 2, 3 et 4; ce qui rend les fils de plus en plus ténus. Par la filière comme par le laminoir, le métal devient souvent cassant; on dit alors qu'il est *écroui*, et on le recuit pour lui rendre sa malléabilité et sa ductilité.

Les métaux les plus malléables et les plus ductiles sont, dans leur ordre de malléabilité et de ductilité :

| Malléabilité. | | Ductilité. | |
|---|---|---|---|
| Or, | Platine, | Or, | Cuivre, |
| Argent, | Plomb, | Argent, | Zinc, |
| Cuivre, | Zinc, | Platine, | Étain, |
| Étain, | Fer. | Fer, | Plomb. |

*Ténacité.* La ténacité est l'effort de traction nécessaire pour rompre des fils de métal d'égal diamètre. Pour connaître la ténacité des métaux, on suspend à un point fixe des fils d'égale longueur et de même diamètre, et on leur fait supporter des poids de plus en plus considérables jusqu'à ce que ces poids déterminent la rupture des fils. En employant des fils de 2 millimètres de diamètre, on peut les rompre en employant les poids suivants :

| Fer, | 219 | kilogrammes. |
|---|---|---|
| Cuivre, | 137 | |
| Platine, | 124 | |
| Argent, | 85 | |
| Or, | 68 | |

*Fusibilité.* La fusibilité des métaux est la propriété de devenir liquide à une certaine température. Le mercure est liquide jusqu'à — 40°. Le point de fusion des principaux métaux est variable, comme on le voit par la table suivante :

| Potassium fond à | 58°. | Argent fond à | 1000°. |
|---|---|---|---|
| Étain | 230°. | Cuivre | 1090°. |
| Plomb | 320°. | Or | 1100°. |
| Zinc | 410°. | Fer et manganèse | 1600°. |
| Aluminium | 600°. | Platine | 2000°. |

Le mercure se volatilise à 350°, le potassium à 700, le zinc à 1300. Le plomb et l'argent émettent des vapeurs à la chaleur blanche, sans pouvoir être distillés. Les autres métaux sont fixes, c'est-à-dire qu'ils ne se volatilisent à aucune température.

**Propriétés chimiques des métaux.** — Les propriétés chimiques consistent à pouvoir : 1° s'unir avec l'oxygène pour former des oxydes qui s'unissent ensuite aux acides pour former des sels; 2° se combiner avec presque tous les métalloïdes, le phosphore, le soufre, le chlore, etc., pour former des phosphures, des sulfures, des chlorures; 3° s'associer entre eux deux à deux, trois à trois, etc., pour former des alliages; enfin 4° subir certaines altérations sous l'influence de l'air, de l'eau et de la chaleur.

**Action de l'oxygène et de l'air sur les métaux.** — Beaucoup de métaux s'oxydent au contact de l'air, c'est-à-dire se combinent avec l'oxygène qu'il contient. Les uns s'oxydent à la température ordinaire, d'autres à des températures plus ou moins élevées. Quelques métaux seulement, tels que l'or, l'argent, le platine, ne prennent jamais directement l'oxygène de l'air. L'action sera la même, mais plus énergique, avec l'oxygène pur; certains métaux, à une température suffisamment élevée, dégageront même de la lumière.

En général, l'oxydation d'un métal se fait plus rapidement dans l'air humide que dans l'air sec : c'est qu'alors le métal se combine à la fois avec l'oxygène et avec la vapeur d'eau et forme un oxyde hydraté. Ainsi le fer se conserve dans l'air sec, mais se rouille facilement à l'air humide; la rouille est de l'oxyde de fer hydraté.

Quelquefois le métal, après s'être oxydé au contact de l'air, absorbe l'acide carbonique et forme un carbonate; ainsi le cuivre se recouvre à l'air de carbonate de cuivre connu sous le nom de *vert-de-gris*.

Quelquefois l'oxydation d'un métal ne se fait qu'à la

surface, et la mince couche d'oxyde ainsi formée est une espèce de vernis qui empêche l'oxydation ultérieure, comme cela a lieu pour le zinc, le plomb; et d'autres fois l'oxydation s'étend de couche en couche et le métal se convertit entièrement en oxyde : tel est le fer.

**Action de l'eau sur les métaux.** — Quelques métaux, comme le potassium, ont tellement d'affinité pour l'oxygène, qu'ils décomposent l'eau à froid, se combinent avec l'oxygène et dégagent l'hydrogène. D'autres, comme l'étain, ne décomposent l'eau qu'à une température plus ou moins élevée. Quelques-uns ne peuvent décomposer l'eau à aucune température.

Souvent l'eau agit à froid sur les métaux par l'oxygène de l'air qu'elle tient en dissolution. Ainsi le fer à froid se rouille dans l'eau en se combinant avec l'oxygène de l'air que ce liquide a dissous.

**Action du soufre et du chlore sur les métaux.** — Le soufre s'unit directement à tous les métaux, moyennant une température assez élevée pour les fondre; c'est la méthode la plus simple pour obtenir les sulfures. Il en est de même du chlore; mais pour préparer les chlorures, on a plus souvent recours à d'autres procédés que la combinaison directe.

**Action de la chaleur sur les métaux : chalumeau.** — La chaleur, en fondant et volatilisant les métaux, favorise lentement leur combinaison, soit entre eux, soit avec d'autres corps. Si, quand un métal est fondu, on le laisse refroidir lentement, que l'on perce la couche supérieure et que l'on décante la partie liquide, on obtient des cristaux qui sont quelquefois fort beaux, par exemple les cristaux de bismuth.

En chimie comme en métallurgie, ou reconnaît souvent la présence d'un métal en faisant fondre le minerai. L'instrument dont on se sert se nomme *chalumeau* (*fig.* 42). C'est un tube de laiton T, long de 20 à 25 cen-

timètres et muni à l'une de ses extrémités d'une embou-
chure en ivoire E. A l'autre extrémité est un petit réservoir R destiné à condenser la vapeur qui s'échappe des
poumons. Un petit tube C se termine par un petit bec S
percé d'un trou excessivement fin.

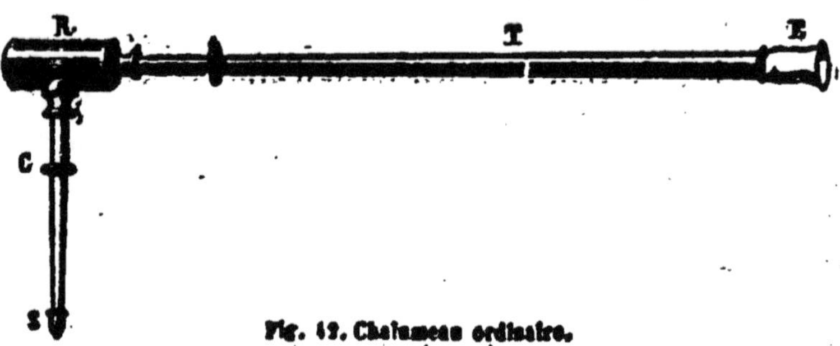

Fig. 12. Chalumeau ordinaire.

Si l'on souffle par E en dirigeant le bec du haut en
bas sur la flamme d'une bougie, on recourbe la flamme
en un dard long et effilé auquel on expose la substance
dont on veut reconnaître la nature. La met-on dans la
partie bleue de la flamme, on la désoxyde; dans la partie pâle, on la suroxyde.

Pour certains métaux qui ne fondent qu'à une chaleur
très-forte, on emploie le chalumeau à hydrogène ou à
mélange détonant.

Le *chalumeau à hydrogène simple* consiste en un
appareil contenant des rognures de fer, de l'eau et de
l'acide sulfurique, c'est-à-dire ce qu'il faut pour la
préparation de l'hydrogène : le gaz est conduit dans
un tube qui est traversé par un courant d'air : l'hydrogène et l'air forment un mélange qui donne en brûlant
une température très-élevée. C'est avec la flamme de ce
chalumeau que l'on soude les métaux entre eux sans
aucun métal étranger.

Le *chalumeau à mélange détonant* consiste en un
mélange de deux volumes d'hydrogène et d'un volume
d'oxygène fortement comprimé, qui s'échappe par un
tube étroit; il donne, à l'approche d'une bougie allu-

mée, un bec de gaz éclairant à peine, mais qui fournit une température tellement élevée qu'elle suffit à fondre du platine. Ce chalumeau est employé pour souder le platine et dans quelques autres opérations industrielles ; mais son emploi exige de grandes précautions : car si le gaz cessait d'être comprimé, la flamme rétrograderait dans le tube et le mélange ferait explosion. Le *chalumeau* de Daniell, modifié par MM. Deville et Debray, fait arriver les deux gaz par deux tubes concentriques, mais différents, terminés en platine, munis chacun d'un robinet qui permet de régler la sortie du gaz. Le mélange se fait à quelques millimètres du point où la combustion doit avoir lieu. Dès lors plus de crainte d'explosion. On évalue à 8,000 degrés centigrades la chaleur qu'on peut obtenir. Un morceau de craie exposé à la chaleur du mélange donne une lumière éblouissante par suite de la température élevée à laquelle il est porté.

**États des métaux dans la nature.** — On trouve dans la nature les métaux sous les cinq états suivants :

1° *État natif*, c'est-à-dire à l'état de pureté ; ces métaux sont rares : on trouve ainsi principalement l'or, l'argent et le fer ;

2° *État d'alliage*, c'est-à-dire qu'ils sont combinés avec un autre métal ;

3° *État d'oxydes*, c'est-à-dire qu'ils sont combinés avec l'oxygène ;

4° *État de sulfures, chlorures, etc.*, c'est-à-dire qu'ils sont combinés avec divers métalloïdes tels que le soufre, le chlore, etc. ;

5° *État de sels*, c'est-à-dire qu'ils sont combinés à la fois avec l'oxygène et avec un acide.

**Classification des métaux.** — Les métaux, qui sont au nombre de cinquante, sont classés en sept sections, d'après leur affinité pour l'oxygène de l'eau qu'ils décomposent.

Première section : Elle contient les métaux qui s'oxydent le plus facilement. Ces métaux décomposent l'eau à froid en se combinant avec l'oxygène et dégagent l'hydrogène. Les oxydes de ces métaux sont irréductibles par la chaleur seule, et sont solubles; ils verdissent le sirop de violettes, rougissent le curcuma et ramènent au bleu le tournesol rougi par un acide. On les appelle *alcalis*, et les métaux, *alcalins*. Ces métaux sont :

| | |
|---|---|
| *Cæsium,* | *Strontium,* |
| *Rubidium,* | *Thallium,* |
| *Potassium,* | *Calcium,* |
| *Sodium,* | *Lithium.* |
| *Barium,* | |

Les oxydes de potassium et de sodium (potasse et soude) sont très-solubles, les autres le sont moins.

Deuxième section : Les métaux de la deuxième section ne décomposent l'eau que vers 100°. Les oxydes de ces métaux sont irréductibles par la chaleur seule. Les métaux de cette section sont :

| | |
|---|---|
| *Magnésium,* | *Manganèse.* |

Troisième section : Les métaux de la troisième section décomposent l'eau à une température rouge, ou à froid en présence d'un acide énergique. Les oxydes de ces métaux sont irréductibles par la chaleur seule. Les principaux métaux de cette section sont :

| | |
|---|---|
| *Fer,* | *Chrome,* |
| *Nickel,* | *Zinc.* |
| *Cobalt,* | |

Quatrième section : Les métaux de la quatrième section décomposent l'eau au rouge blanc et s'oxydent facilement à l'air. Les principaux métaux de cette section sont :

| | |
|---|---|
| *Aluminium,* | *Cérium,* |
| *Glucynium,* | *Lanthane.* |

Cinquième section : Les métaux de la cinquième section décomposent l'eau à une température rouge, mais ils ne décomposent pas l'eau à froid en présence d'un acide. Les oxydes de ces métaux sont irréductibles par la chaleur seule. Les principaux métaux de cette section sont :

*Étain,*  *Titane,*
*Antimoine,*  *Osmium.*

Sixième section : Les métaux de la sixième section ne décomposent la vapeur d'eau qu'avec difficulté et à une température très-élevée ; ils ne décomposent l'eau à froid en aucun cas. Les oxydes de ces métaux sont irréductibles par la chaleur seule. Les métaux de cette section sont :

*Cuivre,*  *Bismuth.*
*Plomb,*

Septième section : Les métaux de la septième section ne décomposent l'eau à aucune température, pas même en présence d'un acide ; leurs oxydes sont réductibles par la chaleur seule. Ces métaux sont encore appelés *métaux précieux* ; ils doivent en partie leur prix à ce qu'ils ne s'oxydent ni au contact de l'air ni au contact de l'eau. Les principaux métaux de cette section sont :

*Mercure,*  *Platine,*
*Argent,*  *Or.*

Emploi des métaux. — Peu de métaux sont employés seuls : cela tient à différentes causes. D'abord pour qu'un métal puisse être utilisé seul, il faut qu'il résiste facilement à l'action de l'air et à celle de l'eau. Par conséquent les métaux des deux premières sections ne peuvent servir, car leur affinité pour l'oxygène est trop grande. Dans la troisième section, on a le fer qui est attaqué assez rapidement par l'air humide ; mais une simple couche de peinture ou un vernis de zinc empêche l'oxydation. Parmi les métaux des quatre dernières sections, les uns sont trop rares et par conséquent d'un prix trop élevé, d'autres sont cassants.

On peut résumer ainsi les principales propriétés qu'un métal doit avoir pour être employé seul : 1° *il faut qu'il résiste à l'action de l'air et à celle de l'eau; 2° qu'il soit malléable et ductile.*

Les métaux principalement employés sont :

| | |
|---|---|
| Aluminium, | Plomb; |
| Fer, | Mercure, |
| Zinc, | Argent, |
| Étain, | Platine, |
| Cuivre, | Or. |

Quelques métaux trop cassants pour être utilisés seuls peuvent servir à former des alliages; tels sont :

| | |
|---|---|
| Bismuth, | Antimoine. |

Les autres métaux ne servent que par les composés qu'ils forment avec l'oxygène et avec les autres métalloïdes ou surtout par leurs sels, c'est-à-dire dans les combinaisons qu'ils forment à la fois avec l'oxygène et avec un acide. Les métaux qui offrent les composés les plus utiles sont :

| | |
|---|---|
| Potassium, | Magnésium, |
| Sodium, | Fer, |
| Barium, | Cuivre, |
| Calcium, | Mercure. |
| Aluminium, | |

Nous étudierons, en suivant l'ordre des sections, d'abord les principaux métaux et leurs alliages, ensuite leurs oxydes, et enfin les principaux composés résultant de leurs combinaisons avec les métalloïdes.

**Notions de métallurgie.** — La *métallurgie* est l'art d'extraire de leurs minerais les métaux usuels. On y distingue en général six opérations : le *triage*, qui consiste à séparer le minerai bon à exploiter des gangues ou matières étrangères que l'on rejette; le *bocardage*, par lequel on broie le minerai à l'aide de lourds marteaux; le *lavage*, qui débarrasse le minerai des parties terreuses; le *grillage* à l'air libre, qui volatilise le soufre, l'arsenic, etc., et qui oxyde quelquefois le métal; la *fonte*, où l'on chauffe jusqu'à la fusion, soit dans de hauts fourneaux, soit dans des fourneaux à réverbère, le minerai tantôt seul, tantôt mêlé à des corps qui le désoxydent, comme le charbon; l'*affinage*, qui donne enfin le métal purifié par une seconde fusion. En étudiant chaque métal, on verra les modifications spéciales apportées à ces procédés de métallurgie.

# CHÁPITRE II.

Aluminium, ses propriétés, sa préparation, ses usages. — Fer, ses propriétés, sa préparation, ses usages. — Zinc, ses propriétés, sa préparation, ses usages. — Étain, ses propriétés, sa préparation, ses usages. — Cuivre, ses propriétés, sa préparation, ses usages. — Plomb, ses propriétés, sa préparation, ses usages. — Mercure, ses propriétés, sa préparation, ses usages. — Argent, ses propriétés, sa préparation, ses usages. — Platine, ses propriétés, sa préparation, ses usages. — Or, ses propriétés, sa préparation, ses usages; procédés pour dorer.

## Aluminium, Al = 14.

**Propriétés de l'aluminium.** — *L'aluminium* présente à peu près l'aspect de l'argent; il en a la couleur, mais plus terne. Il est ductile, malléable et tenace; il ne fond qu'à une température un peu supérieure au point de fusion du zinc : si l'on élève davantage la température, il brûle dans l'oxygène et passe à l'état d'alumine. Ce métal pèse, à volume égal, environ quatre fois moins que l'argent, sa densité n'étant que 2,56. Il résiste, soit à froid, soit à de très-hautes températures, à l'action de l'air et de l'oxygène, ce qui le rend propre à diverses applications dans l'industrie et les arts.

**Préparation.** — L'aluminium se trouve abondamment dans la nature à l'état d'alumine combinée avec la silice dans les terres argileuses; les argiles pures en contiennent près de 25 pour 100 de leur poids. Pour l'extraire, on calcine de l'alun ammoniacal, qui est un sulfate double d'alumine et d'ammoniaque : il en résulte de l'alumine pure que l'on mélange avec du charbon et du sel marin (chlorure de sodium). En soumettant ce mélange à l'action du chlore, on a un chlorure double d'aluminium et de sodium; on mélange ce chlorure double avec du sodium en morceaux et du fluorure de calcium pulvérisé, et l'on introduit le tout dans un four à réverbère incandescent. Au bout d'une heure et demie, on débouche une bonde pratiquée à la partie inférieure du four, et l'aluminium fondu s'en échappe. On refond l'aluminium pour le débarrasser des scories et on le coule en lingots.

**Usages.** — La résistance de l'aluminium aux agents oxydants en fait un métal qui a pris rang parmi les matières les plus utiles. Il peut remplacer le cuivre dans une foule d'usages domestiques, où la facilité d'oxydation de ce dernier métal le rend si dangereux. La marqueterie, la coutellerie et surtout la bijouterie en ont tiré un immense parti, depuis qu'on est parvenu à l'obtenir en grande quantité.

$$\text{Fer, } Fe = 28.$$

**Propriétés du fer.** — Le *fer* est un métal gris, ne fondant qu'à une température évaluée à environ 1600°. Sa densité est 7,8. Il est très-ductile, malléable et le plus tenace de tous les métaux. Exposé à l'air humide, il se recouvre de rouille ou sesquioxyde de fer hydraté. On préserve le fer de la rouille en le recouvrant de peinture, ou encore d'une mince couche de zinc; on l'appelle alors *fer galvanisé*.

Le fer est rarement pur, du moins dans le commerce. Il renferme toujours une petite quantité de carbone, et assez souvent du silicium, du phosphore ou du soufre qui le rendent cassant, soit à froid, soit à chaud.

Le fer tend à cristalliser en tétraèdre ou octaèdre, mais sous la main de l'ouvrier il prend une texture grenue ou fibreuse. On explique par la tendance à reprendre sa forme naturelle la rupture brusque des essieux, des barres et autres instruments.

Le fer en lames minces s'appelle *tôle*. Quand cette tôle est recouverte d'une couche d'étain on l'appelle *fer-blanc*. En dissolvant les couches d'étain les plus superficielles du fer-blanc par de l'eau à laquelle on ajoute quelques gouttes d'acide chlorhydrique, on met à nu une belle cristallisation qu'on appelle *moiré métallique*.

**Préparation.** — Le fer est de tous les métaux le plus universellement répandu dans la nature. On le rencontre principalement à l'état d'oxyde, de sulfure ou de carbonate. Les aréolithes ou pierres tombées du ciel le renferment à l'état natif, mêlé à du chrome, du nickel et du soufre.

Pour extraire le fer de ces combinaisons, on chauffe, à une température très-élevée, dans un haut fourneau de dix à vingt mètres, un mélange de minerai et de charbon ; les gaz formés par la combustion du soufre et du carbone s'échappent, et il se rassemble à la partie inférieure une matière liquide qui est la *fonte* ou carbure de fer. En débouchant les ouvertures pratiquées à la partie inférieure du creuset, la fonte coule en flots de feu dans une rigole creusée dans le sable et forme par le refroidissement une substance grise appelée *gueuse*.

La gueuse ou fonte n'est pas du fer pur : il faut encore la soumettre à un affinage ; pour cela on chauffe la fonte au contact de l'air pour brûler son carbone, on dirige même un courant d'air à sa surface. Quand la matière devient grumeleuse, on rapproche les grumeaux, on en fait une boule nommée *loupe* et on la *forge*, c'est-à-dire on la bat fortement au marteau pour lui donner plus de cohésion.

**Usages.** — Les usages du fer sont très-nombreux et connus de tout le monde. On l'emploie à l'état de fonte, de fer dur ou mou et d'acier.

La fonte (composé de fer et de carbone) étant beaucoup plus fusible que le fer, se prête au moulage ; on s'en sert pour faire des marmites, des poêles, des cylindres creux, des colonnes qui remplacent le bois dans les constructions, des grilles, des balcons, diverses pièces des machines à vapeur, etc. Cette substance est cassante et cède au choc du marteau ; elle n'est pas malléable.

Le fer est plus dur que la fonte. Il est *dur* ou *mou*; le premier, d'une texture grenue, est plus ductile ; le second, qui devient fibreux sous le marteau, est plus malléable. Les usages sont les mêmes que ceux de la fonte.

La fonte et le fer servent à former l'acier, qui est plus dur que le fer et dont on se sert pour faire des armes blanches, des couteaux, des canifs, des rasoirs, des instruments de chirurgie, des limes, des aiguilles, etc. Il y a trois espèces principales d'acier : 1° l'acier de forge, 2° l'acier de cémentation, 3° l'acier fondu. Ces trois aciers sont des azoto-carbures de fer, c'est-à-dire formés par la combinaison du fer, de l'azote et du carbone. L'acier de forge est le plus commun; il sert à faire les instruments aratoires : on l'obtient en affinant incomplétement la fonte. L'acier de cémentation est préférable au précédent : on l'obtient en chauffant pendant plusieurs jours des lames de fer placées dans une caisse de tôle; entre ces lames on met une couche de suie de cheminée (carbone); le tout est recouvert de sable pour empêcher le contact de l'air qui brûlerait le carbone. L'acier fondu s'obtient en fondant l'acier de cémentation dans un creuset; on le recouvre de verre pilé pour empêcher le contact de l'air. Après avoir fabriqué un instrument d'acier, on le chauffe, puis on le jette brusquement dans l'eau froide : cette opération porte le nom de *trempe*. La trempe donne à l'acier plus de dureté et d'élasticité; mais elle le rend cassant. Si l'on chauffe l'acier trempé, il redevient flexible en cessant d'être élastique et dur.

## Zinc, Zn = 33.

**Propriétés du zinc.** — Le *zinc* est un métal blanc bleuâtre, se ternissant facilement à l'air; sa densité est 7,2; il est le plus dilatable de tous les métaux et fond à 500°. Chauffé à blanc sans le contact de l'air, il se volatilise; on peut par conséquent purifier le zinc par distillation. Chauffé fortement au contact de l'air, le zinc brûle avec une flamme blanche et forme de l'oxyde de zinc dont les vapeurs, en se refroidissant, donnent une substance blanche ressemblant à des flocons de laine : c'est le blanc de zinc employé en peinture.

Les acides et les sels peuvent attaquer le zinc : aussi faut-il se garder de mettre du vin dans des vases de ce métal, de peur qu'il n'acquière des propriétés malfaisantes.

**Préparation.** — Le zinc se trouve dans la nature sous deux états différents : 1° en grande partie à l'état de carbonate de zinc (*calamine*); 2° souvent à l'état de sulfure de zinc (*blende*).

Pour extraire le zinc de la calamine, on chauffe ce minerai mêlé avec du charbon.

Pour extraire le zinc du sulfure ou blende, on grille d'abord le minerai pour brûler le soufre ou oxyder le zinc, puis on le chauffe mêlé avec du charbon; le charbon s'empare de l'oxygène et le métal reste isolé.

**Usages.** — Le zinc est employé en grenaille pour obtenir l'hydrogène; en cylindre dans les piles de Bunsen; en lames minces pour recouvrir les toitures, former des gouttières et faire des baignoires. Il remplace le plomb et le cuivre pour les statues, les vases et ustensiles de toute sorte. On l'emploie encore en couches minces pour recouvrir le fer et le préserver de l'oxydation. Il entre également dans la composition de quelques alliages; avec le cuivre, il forme le *laiton* ou cuivre jaune. L'un des principaux usages du zinc est la préparation pour la peinture en bâtiments du blanc de zinc, corps tout à fait inoffensif, qui remplace le blanc de plomb, dangereux pour la santé des peintres.

## Étain, Sn = 59.

**Propriétés de l'étain.** — *L'étain* est un métal blanc à reflet jaunâtre; il se ternit lentement au contact de l'air, il fond à 230°; sa densité est 7,8. Lorsqu'on tord entre les mains une tige d'étain, on entend un craquement qui est appelé *cri de l'étain*. L'acide chlorhydrique attaque l'étain et le convertit en chlorure d'étain; l'eau régale le dissout facilement.

**Préparation.** — L'étain se trouve dans la nature à l'état d'oxyde d'étain. On obtient le métal en chauffant un mélange d'oxyde d'étain et de charbon : le gaz carbonique se dégage et l'étain reste.

**Usages.** — L'étain sert à former des couverts de table, des vases et ustensiles de cuisine qui ne doivent pas être fortement chauffés. On l'emploie encore pour étamer les vases de fer et de cuivre, c'est-à-dire pour les recouvrir d'une couche métallique qui les empêche de s'oxyder. Le fer réduit en tôle et couvert d'étain prend, comme nous l'avons vu, le nom de *fer-blanc*. C'est l'étain qui est allié au cuivre dans la préparation du bronze, du métal des cloches, etc. Avec le mercure, il constitue l'étamage ou le *tain* des glaces.

## Cuivre, Cu = 32,

**Propriétés du cuivre.** — *Le cuivre* est un métal rouge, solide à la température ordinaire; il fond à une forte chaleur rouge; il acquiert une mauvaise odeur par le frottement; il est ductile, malléable et d'une grande ténacité. Exposé à l'air humide, il s'oxyde d'abord, puis l'oxyde se combine avec l'acide carbonique de l'air et forme à la surface une couche de carbonate de cuivre ou *vert-de-gris* qui est un poison. La densité du cuivre est 8,9 ; il est attaqué par le sel marin (chlorure de sodium) et devient chlorure de cuivre. On empêche la destruction de la doublure des vaisseaux en mettant le cuivre en contact avec quelques lames de zinc : le cuivre est électro-négatif; il devient positif quand il est en contact avec le zinc et n'est plus alors attaqué par le chlore.

**Préparation.** — Le cuivre se trouve dans la nature principalement à l'état d'oxyde ou de carbonate et à l'état de sulfure.

Pour le retirer de l'oxyde ou du carbonate de cuivre, on chauffe le minerai mêlé avec du charbon ; l'acide carbonique et l'oxyde de carbone s'évaporent et le cuivre reste.

Pour le retirer du sulfure, on le grille plusieurs fois afin de brûler le soufre, ce qui forme de l'acide sulfureux ; le cuivre s'oxyde; mais on le chauffe ensuite mêlé avec du charbon et il reste pur.

**Usages.** — Le cuivre sert à former des instruments de physique et de musique, à doubler les vaisseaux, à confectionner différents ustensiles de cuisine. Les casseroles et autres vases de cuivre que l'on emploie dans les cuisines doivent toujours être maintenus très-propres, et il faut avoir soin de n'y jamais laisser refroidir les aliments, parce qu'il se formerait des composés de cuivre vénéneux. Ordinairement on étame intérieurement ces vases, c'est-à-dire qu'on les recouvre à l'intérieur d'une mince couche d'étain. Le cuivre est surtout employé à l'état d'alliage avec l'or et l'argent pour la monnaie et les bijoux; avec le zinc et avec l'étain pour le bronze, les miroirs de télescope, etc. Avec l'acide sulfurique, son oxyde donne le sulfate de cuivre employé dans la galvanoplastie; la pile voltaïque décompose le sel, et le métal se dépose sur les corps que l'on a mis en communication avec le pôle négatif.

### Plomb, Pb = 104.

**Propriétés du plomb.** — Le *plomb* est un métal blanc bleuâtre; il fond à 330°; il s'oxyde à l'air à la température ordinaire; mais cette légère couche d'oxyde forme un vernis qui préserve le reste du métal. Sa densité est 11,4. Le plomb est mou et malléable à froid; on peut le réduire en feuilles très-minces. Quand on le frotte sur le papier, il y laisse une trace noire. Tous les composés de plomb sont vénéneux.

**Préparation.** — Le plomb se trouve dans la nature principalement à l'état de sulfure (*galène*). On chauffe le sulfure de plomb mêlé avec du fer : le soufre forme avec le fer un sulfure de fer, et le plomb est libre. On emploie dans cette opération de la ferraille ou de la fonte.

**Usages.** — Les anciens faisaient avec le plomb des tablettes à écrire; quelques-unes ont été retrouvées de nos jours. Sa malléabilité le rend propre à recouvrir les toits des édifices ou les terrasses; en feuilles minces on s'en sert pour recouvrir le sucre de pomme, les boîtes à thé, etc. L'extraction de l'or et de l'argent en absorbe de grandes quantités. On l'emploie encore à faire des réservoirs, des chéneaux et des tuyaux de conduite pour les eaux, pourvu qu'elles ne soient pas pures, car l'eau de pluie le change en carbonate. Il peut remplacer le soufre pour le scellement du fer avec la pierre et donne des fils au jardinage. Enfin on en fabrique des balles et du plomb de chasse. Les balles se font dans des moules. Le plomb de chasse s'obtient en versant du plomb fondu sur un tamis métallique placé à une grande hauteur : les gouttes de plomb en tombant prennent la forme sphérique; on les reçoit dans un vase plein d'eau pour les refroidir et pour amortir la vitesse de la chute. Nous verrons le plomb entrer dans différents alliages, surtout pour la soudure des plombiers et les caractères d'imprimerie.

### Mercure, Hg = 100.

**Propriétés du mercure.** — Le *mercure* est un métal liquide à la température ordinaire, blanc comme l'argent fondu; on l'appelait autrefois *vif-argent;* sa densité est 13,596; il se congèle à —40°, et bout à 350°: il ne mouille pas le verre quand il est pur, et forme dans les tubes une surface convexe; mais quand il contient des métaux étrangers, il s'attache au verre et forme dans les tubes une surface plane : on dit alors qu'il fait *queue.* Il dissout la plupart des métaux en formant des amalgames : il n'attaque cependant ni le platine ni le fer. L'acide azotique l'attaque à froid et forme de l'azotate de mercure.

Les vapeurs de mercure sont nuisibles à la respiration; les personnes qui sont exposées à les respirer fréquemment peuvent gagner des fièvres dangereuses, éprouvent de nombreux accidents tels qu'une salivation abondante, la perte des cheveux et des dents, et meurent jeunes.

**Préparation.** — Le mercure se trouve dans la nature principalement à l'état de sulfure de mercure (*cinabre*). On introduit le cinabre dans une voûte communiquant avec plusieurs chambres qui toutes sont en communication avec un réservoir; la voûte est percée inférieurement de trous pour la circulation de l'air; on allume du bois sous cette voûte, le soufre du cinabre s'allume et forme du gaz sulfureux qui se dégage; les vapeurs de mercure se condensent dans les chambres froides, et le mercure liquide se rend dans le réservoir.

**Usages.** — Le mercure sert à la confection des baro-
mètres et des thermomètres; il sert à recueillir les
gaz solubles dans l'eau, à extraire l'argent de son
minerai, à former le tain des glaces, à dorer et à
argenter. La médecine l'emploie tantôt pur, tantôt combiné, mais à des doses très-petites, comme un dépuratif
énergique.

**Argent, Ag = 108.**

**Propriétés de l'argent.** — *L'argent* est solide à la température ordinaire; c'est le plus blanc et presque le
plus poli de tous les métaux; il fond vers 1000°. Sa
densité est 10,5; il est très-ductile et très-malléable. Il
n'est attaqué ni par l'air ni par l'eau. Le soufre et l'a-
cide sulfhydrique le noircissent rapidement en formant
un sulfure d'argent. L'acide azotique le dissout en formant de l'azotate d'argent et dégageant du gaz bioxyde
d'azote.

**Préparation.** — L'argent se trouve dans la nature
principalement à l'état de sulfure d'argent mêlé à des
sulfures de plomb. On opère d'abord, comme pour l'extraction du plomb, en mêlant le minerai avec du fer; il
se forme un alliage de plomb et d'argent.

Presque tous les échantillons de plomb contiennent
de l'argent, mais ceux qui en renferment de grandes
quantités sont nommés *plombs argentifères* et servent à
la préparation de l'argent. On les chauffe dans des vases
larges et peu profonds nommés *coupelles*, et on dirige
un courant d'air à leur surface. Le plomb et l'argent,
comme on l'a déjà vu, ne sont pas de la même section ;
le plomb s'oxyde au contact de l'air et forme du protoxyde de plomb (*litharge*) qui fond par la température
élevée et qui s'écoule à mesure par une rigole, les coupelles étant toujours maintenues pleines. Cet oxyde de
plomb fondu cristallise par le refroidissement et forme
la litharge; l'argent pur reste dans la coupelle. Ce procédé d'extraction s'appelle *coupellation*.

Une autre méthode, usitée en Amérique, consiste à amalgamer l'argent au mercure en faisant piétiner le mercure et le minerai par des chevaux, puis à chauffer l'amalgame : le mercure se volatilise et l'argent reste pur.

**Usages.** — L'argent est employé pour argenter les métaux par les procédés de galvanoplastie qui sont indiqués pour la dorure. Sous forme de lame plus ou moins épaisse, il peut s'appliquer sur le cuivre et même sur le fer, espèce d'argenture que l'on appelle *plaqué*. Combiné avec de petites quantités de cuivre, il forme des alliages qui servent pour la monnaie, les médailles, la vaisselle et les bijoux. Avec l'acide azotique, l'oxyde d'argent forme l'azotate d'argent que l'on peut dissoudre ou fondre : dissous, il peut servir à marquer le linge, parce qu'il noircit en séchant ; fondu et coulé en petits cylindres, il constitue la *pierre infernale*, employée en médecine pour cautériser les plaies.

### Platine, Pt = 98.

**Propriétés du platine.** — Le *platine* est solide à la température ordinaire ; il ne fond pas au feu de forge, mais on peut le fondre au chalumeau à gaz hydrogène et oxygène, ou en le plaçant entre deux cônes de charbon donnant la lumière électrique [1].

La couleur du platine est d'un gris plombé intermédiaire entre celle de l'argent et celle de l'étain. Sa densité est 21,5. Il est très-ductile et très-malléable. Il n'est attaqué ni par l'air, ni par l'eau, ni par le mercure. L'eau régale le dissout et forme du chlorure de platine. La potasse, la soude et la lithine l'attaquent à la chaleur rouge.

Si l'on suspend une spirale de fil de platine au-dessus de la mèche d'une lampe à alcool et qu'on allume d'abord cette lampe, puis qu'on l'éteigne après que le

1. Voir les *Notions de Physique*.

fil a été chauffé au rouge, ce fil reste très-longtemps lumineux ; on réussit mieux en ajoutant à l'alcool une petite quantité d'éther : cette expérience s'appelle *lampe sans flamme.*

**Préparation.** — Le platine se trouve dans la nature à l'état natif ou plutôt à l'état d'alliage avec de petites quantités d'or, d'iridium, d'osmium, de palladium, etc. Rarement il se rencontre en *pépites;* ordinairement les paillettes de platine ou de ces alliages sont mêlées avec beaucoup de sable. Après avoir lavé ces sables par un courant d'eau pure, et retiré l'or par *amalgamation,* on dissout la poudre métallique dans l'eau régale et on y ajoute du chlorhydrate d'ammoniaque : il se forme un précipité de *chloroplatinate d'ammoniaque* qui est un composé de chlorure de platine et de chlorhydrate d'ammoniaque; en le calcinant, on obtient une masse spongieuse qu'on appelle *éponge de platine.* On pulvérise l'éponge de platine entre les doigts, puis on l'introduit au fond d'un cylindre de laiton; on la comprime avec un piston d'acier sur lequel on frappe à coups de marteau, et on retire de ce cylindre un morceau de platine ayant déjà une certaine cohésion; on chauffe ce platine à blanc, puis on le forge; les molécules se soudent entre elles et on a du platine malléable.

On obtient le platine en poudre noire, nommée *noir de platine,* en faisant bouillir du chlorure de platine avec du carbonate de potasse et du sucre. Le noir de platine, qui n'est que du platine très-divisé, absorbe rapidement les gaz et les comprime dans ses pores. En cet état, il produit une température assez élevée pour déterminer l'explosion d'un mélange d'oxygène et d'hydrogène ou pour mettre le feu à un courant d'hydrogène simple qu'on dirige sur cette poudre. Cette dernière expérience a été utilisée pour les briquets à gaz. Un courant d'hydrogène est dirigé sur de l'éponge de platine, s'enflamme et allume une bougie convenablement disposée.

**Usages.** — Le platine étant inaltérable à l'air, à l'eau et à plusieurs acides, est particulièrement employé pour confectionner des capsules et des creusets qui servent à différentes opérations chimiques dans les laboratoires et dans les arts. On en garnit la pointe des paratonnerres. Son peu de dilatabilité le fait encore servir à fabriquer les étalons des poids et mesures. Enfin la Russie s'en est longtemps servie en guise de monnaie.

## Or, $Au = 98$.

**Propriétés de l'or.** — L'*or* est solide à la température ordinaire; il fond vers 1250°; sa densité est 19,5; il est très-ductile et très-malléable, au point qu'avec un gramme d'or on peut obtenir un fil de 3000 mètres, et que 10000 feuilles d'or peuvent ne faire qu'un millimètre d'épaisseur; mais sa ténacité est peu considérable. Il est d'une belle couleur jaune; mais lorsqu'on regarde l'intérieur d'un vase d'or bien poli, il paraît rouge; d'autre part, l'or en feuilles très-minces laisse passer la lumière et donne une belle couleur verte. Ce métal n'est attaqué ni par l'air ni par l'eau; il se dissout dans l'eau régale, mélange par parties égales d'acide azotique et d'acide chlorhydrique, et forme un chlorure d'or. Le soufre et l'acide sulfhydrique n'ont pas d'action sur lui. Il est soluble dans le mercure avec lequel il forme un amalgame.

**Préparation.** — L'or se trouve dans la nature à l'état natif; on le rencontre en paillettes ou en grains arrondis mêlés avec du sable. Les mines d'or les plus abondantes sont aujourd'hui en Californie et en Australie. On trouve quelquefois des morceaux d'or assez considérables : on les appelle *pépites*.

On place le *sable aurifère* sur une planche inclinée contenant un grand nombre de traverses, on dirige sur cette planche un courant d'eau qui enlève le sable et laisse la poudre d'or qui est très-dense, mais qui est ordinairement accompagnée de plomb ou de cuivre. On se débarrasse du plomb par la coupellation, et du cuivre en dissolvant la poudre d'or dans le mercure, ce qui la débarrasse en même temps des dernières parties de sable, puis si l'on distille l'amalgame, le mercure se réduit en vapeurs et l'or reste pur.

**Usages.** — Combiné avec de petites quantités de cuivre, l'or forme des alliages pour les monnaies, la vaisselle et les bijoux. Pur, il est employé pour la dorure, c'est-à-dire pour revêtir d'une couche métallique le bois, le carton, le cuivre, le laiton, l'argent, etc. L'argent recouvert d'or se nomme *vermeil*.

**Procédés pour dorer.** — Trois procédés sont surtout employés aujourd'hui pour dorer : 1° au moyen de l'huile, 2° par immersion, 3° par la galvanoplastie.

1° La dorure à l'huile est la dorure sur bois. On dépose sur les objets une couche de céruse à l'huile de lin, puis un mordant, et on y applique l'or en feuilles très-minces.

2° La dorure par immersion, qui réussit principalement sur le cuivre, est due à M. Elkington. Elle consiste à plonger l'objet dans un bain bouillant de chlorure d'or dissous dans un bicarbonate alcalin : l'or abandonne le chlorure et se dépose sur le métal.

3° Pour dorer par la galvanoplastie[1], procédé inventé par M. de Ruolz, on dissout le cyanure d'or dans le cyanure de potassium, puis on plonge dans cette solution les corps que l'on veut dorer en les attachant à un fil d'or communiquant avec le pôle négatif d'une pile; on plonge en même temps dans cette solution une feuille d'or pur attachée à un autre fil d'or communiquant au pôle positif de la même pile, afin de revivifier la solution à mesure qu'elle s'appauvrit par le dépôt métallique.

1. Voir les *Notions de Physique.*

# CHAPITRE III.



## Alliages.

Les *alliages* résultent de la combinaison des métaux entre eux. Lorsque c'est le mercure qui se combine avec un autre métal, l'alliage s'appelle *amalgame*.

Les métaux ne peuvent s'allier ensemble qu'à l'état liquide ; il faut donc les chauffer, et, en les laissant refroidir, ils se prennent en une masse solide. Mais alors il est possible qu'il y ait seulement mélange, et non pas combinaison : tel est le fer avec le plomb ou avec le cuivre. Le plus souvent, il y a combinaison réelle dans des proportions définies, avec excès de l'un des métaux constitutifs. C'est ce que prouvent le dégagement de chaleur qui accompagne toute combinaison, l'analyse de certaines parties du solide qui accuse des proportions définies, la constatation de propriétés, dans l'alliage, différentes de celles qui existent dans les éléments.

**Propriétés des alliages.** — Les alliages sont généralement plus durs, moins ductiles et moins tenaces que le plus ductile et le plus tenace des métaux composants, et plus fusibles que le moins fusible. La densité est tantôt plus forte, tantôt plus faible que la moyenne des éléments. Si l'un des métaux est volatil, il se vaporise par la chaleur et abandonne le composé. S'il y a plusieurs combinaisons fusibles dans un alliage, la combinaison la plus fusible, quand on le chauffe, suintera à travers la masse solide : c'est ce qu'on appelle *liquation*.

En combinant les métaux ensemble, on modifie leurs propriétés : ainsi un métal cassant, combiné avec un métal trop mou, donne un alliage suffisamment malléable. Le but de la fabrication des alliages est d'obtenir des composés dont les propriétés intermédiaires permettent l'emploi des métaux dans l'industrie. Plusieurs alliages sont fréquemment employés; on les obtient en fondant ensemble les métaux qui les composent.

**Alliages usuels.** — Onze métaux seulement sont employés seuls; quatorze entrent dans des alliages. Les principaux sont : 1° l'étain, qui donne, avec l'antimoine, la poterie d'étain; avec le mercure, le tain des glaces; 2° le cuivre, qui constitue, avec le zinc et le nickel, le maillechort; avec le zinc, le chrysocale et le laiton; avec l'étain, les différents bronzes, le métal des cloches, le tam-tam et les miroirs des télescopes; 3° le plomb, qui forme, avec l'étain, la soudure des plombiers et des ferblantiers; avec l'antimoine et l'étain, le métal d'Alger; avec l'antimoine et le bismuth, les caractères d'imprimerie; 4° l'argent et l'or, qui forment, avec le cuivre, la monnaie, la vaisselle et les bijoux.

## Alliages d'étain.

**Poterie d'étain.** — La poterie d'étain comprend toute sorte de vaisselle et d'ustensiles d'étain. L'alliage est formé de

| | |
|---|---|
| Étain, | 90 parties. |
| Antimoine, | 10 |

**Amalgame d'étain : tain des glaces.** — Pour étamer une glace, on étend une feuille d'étain sur une table horizontale, on verse dessus du mercure, on fait glisser la glace de manière à couper la couche métallique en deux, et l'on charge la glace de poids. L'excès de mercure s'échappe; il ne reste plus qu'un amalgame qui a la propriété de réfléchir les objets, et qui est formé de

| | |
|---|---|
| Étain, | 80 parties. |
| Mercure, | 20 |

### Alliages de cuivre.

**Bronzes.** — Les différents bronzes sont des alliages de cuivre et d'étain, dans lesquels la proportion des éléments varie. En général, le bronze, qui n'est autre chose que l'airain des anciens, est plus fusible que le cuivre et devient malléable par la trempe. Fondu et refroidi, il se partage en plusieurs alliages qui diffèrent de composition et de propriétés.

*Monnaies.* Le bronze des monnaies de cuivre, pièces d'un, deux, cinq et dix centimes, se compose de

| | |
|---|---|
| Cuivre, | 95 parties. |
| Étain, | 4 |
| Zinc, | 1 |

*Médailles et jetons.* Le bronze des médailles et des jetons contient

| | |
|---|---|
| Cuivre, | 95 parties. |
| Étain, | 4 |
| Zinc, | 1 |

*Vases et statues.* Le bronze des vases et des statues se compose de

| | |
|---|---|
| Cuivre, | 95 parties. |
| Étain, | 5 |

La couleur *bronze artistique* ou *bronze vert*, qu'ont certains objets de bronze, n'est pas la couleur naturelle de l'alliage, qui ressemble au cuivre; c'est une imitation de l'oxydation du métal qui se fait à l'air, comme cela a lieu pour les sous qui se recouvrent de vert-de-gris. On donne artificiellement cette couleur soit par l'action de la chaleur et de l'air, soit par l'action d'un acide faible.

*Timbres d'horloge et de cymbales.* Le bronze des timbres d'horloge et des cymbales contient :

| | |
|---|---|
| Cuivre, | 80 parties. |
| Étain, | 20 |

*Miroirs de télescope.* Les miroirs sur lesquels on reçoit l'image des objets dans l'intérieur des télescopes sont formés de

| | |
|---|---|
| Cuivre, | 07 parties. |
| Étain, | 33 |

L'alliage est d'un blanc d'acier, très-dur, très-cassant, susceptible d'un beau poli.

*Cloches.* Le bronze des cloches renferme

| | |
|---|---|
| Cuivre, | 78 parties. |
| Étain, | 22 |

Quelquefois on ajoute un peu de zinc et de plomb.

*Canons.* Le bronze des canons est un alliage de

| | |
|---|---|
| Cuivre, | 90 parties. |
| Étain, | 10 |

*Chrysocale.* — Le chrysocale ou similor sert à la fabrication des bijoux d'imitation, dits faux bijoux. Il se compose de

| | |
|---|---|
| Cuivre, | 90 parties. |
| Zinc, | 10 |

*Laiton.* — Le laiton ou cuivre jaune est formé de

| | |
|---|---|
| Cuivre, | 65 parties. |
| Zinc, | 35 |

Le laiton renferme souvent un peu de plomb et d'étain aux dépens de la proportion de zinc. Il sert à fabriquer le fil de laiton, les épingles, plusieurs instruments de physique et divers ustensiles de ménage.

**Maillechort.** — Le maillechort est un alliage de cuivre, de zinc et de nickel :

| | |
|---|---|
| Cuivre, | 50 parties |
| Zinc, | 25 |
| Nickel, | 25 |

Cet alliage ressemble à l'argent, mais l'usage lui fait perdre son éclat que rien ne peut lui redonner. Il sert à faire les parures des voitures et des harnais de luxe ou à fabriquer des éperons.

### Alliages de plomb.

**Soudure des plombiers.** — La soudure des plombiers, employée pour souder les tuyaux de plomb, est composée de

| | |
|---|---|
| Plomb, | 67 parties. |
| Étain, | 33 |

A la chaleur rouge elle absorbe l'oxygène de l'air, brûle comme un pyrophore, et donne lieu à une combinaison d'oxyde d'étain et d'oxyde de plomb.

**Soudure des ferblantiers.** — Si l'on combine

| | |
|---|---|
| Plomb, | 50 parties, |
| Étain, | 50, |

on a la soudure des ferblantiers, qui brûle plus facilement, en donnant des résultats identiques.

**Caractères d'imprimerie.** — L'alliage des caractères d'imprimerie est formé de

| | |
|---|---|
| Plomb, | 80 parties. |
| Antimoine, | 20 |

On y ajoute quelquefois un peu de bismuth ou de cuivre : le plomb seul serait trop mou, l'antimoine trop dur. L'alliage peut supporter la presse sans être altéré, et le papier n'éprouve aucun déchirement.

### Alliages d'argent et d'or.

Les alliages d'argent et d'or ont lieu surtout pour la monnaie, la bijouterie et la vaisselle. Le titre de chaque pièce, c'est-à-dire la quantité d'argent ou d'or devant entrer dans l'alliage, est fixé par la loi. De là on dit que la monnaie d'or ou d'argent est au titre de 900 millièmes, lorsqu'elle comprend 900 parties d'or ou d'argent et 100 de cuivre.

**Monnaies.** — Les monnaies d'argent se composent comme suit :

Pièces de 5 francs :

| | |
|---|---|
| Argent, | 900 parties. |
| Cuivre, | 100 |

Pièces de 2 francs et de 1 franc, et de 50 et 20 centimes :

| | |
|---|---|
| Argent, | 835 parties. |
| Cuivre, | 165 |

Les monnaies d'or comprennent :

Pièces de 5, 10, 20, 50 et 100 francs :

| | |
|---|---|
| Or, | 900 parties. |
| Cuivre, | 100 |

**Médailles et jetons.** — Les médailles et jetons en argent se composent de

| | |
|---|---|
| Argent, | 950 parties. |
| Cuivre, | 50 |

Les médailles et jetons en or comprennent :

| | |
|---|---|
| Or, | 916 parties. |
| Cuivre, | 84 |

**Vaisselle.** — La vaisselle en argent, telle que couverts, plats, etc., est à deux titres différents ; elle comprend :

| | | |
|---|---|---|
| Argent, | 950 ou | 800 parties. |
| Cuivre, | 50 | 200 |

La vaisselle en or est à trois titres différents :

| | | | |
|---|---|---|---|
| Or, | 920 ou | 840 ou | 750 parties. |
| Cuivre, | 80 | 160 | 250 |

**Bijouterie.** — Les bijoux en argent sont à deux titres :

| Argent, | 950 | ou | 800 | parties. |
|---|---|---|---|---|
| Cuivre, | 50 | | 200 | |

Les bijoux en or sont à trois titres :

| Or, | 920 | ou | 840 | ou | 750 | parties. |
|---|---|---|---|---|---|---|
| Cuivre, | 80 | | 160 | | 250 | |

L'*or vert* est de 700 parties or contre 300 argent.

Il ne faut pas compter parmi les alliages : le *vermeil*, pièce d'argent revêtue d'une couche d'or ; le *plaqué*, pièce de cuivre revêtue d'une mince feuille d'argent soudée ; l'*argenture* et la *dorure galvaniques*, pièces de cuivre imprégnées d'argent ou d'or par les procédés galvanoplastiques ; le *fer-blanc*, feuille de fer laminé ou de cuivre recouverte sur sa surface d'une petite quantité d'étain.

**Essais d'or et d'argent.** — Avant la mise en circulation des monnaies, ou la mise en vente des objets d'orfèvrerie, les agents de l'État leur font subir une opération appelée *essai*, afin d'en constater le titre : s'il est exact, on les poinçonne ; sinon, on les brise. On prend au hasard dans la fonte une pièce de monnaie, ou l'on détache et l'on pèse un petit appendice laissé à la pièce d'orfèvrerie.

Si c'est de l'argent, on le dissout dans l'acide azotique, puis on verse dans la liqueur une dissolution de sel marin préparée d'avance, de manière qu'il en faille cent centimètres cubes pour un gramme d'argent : le chlore s'empare de l'argent sans toucher au cuivre ; il se forme du chlorure d'argent insoluble, et l'on juge du titre par la quantité de dissolution employée. C'est l'*essai par la voie humide.*

Si c'est de l'or, on le fond avec du plomb et de l'argent dans des *coupelles*, petits vases poreux de phosphate de chaux qui laissent échapper entre leurs pores tous les oxydes ; il ne reste plus qu'un bouton d'or et d'argent, dont on dissout l'argent par l'acide azotique et l'on a l'or pur. C'est l'*essai par coupellation,* dont on s'est longtemps servi pour l'argent, mais qui est moins facile.

Pour les menus bijoux, on se contente de les frotter avec une pierre noire très-dure, nommée *pierre d'touche;* on obtient ainsi des traces métalliques que l'on traite par l'acide azotique ou par l'eau régale. C'est l'*essai au touchau*, qui suffit pour avoir le titre à un centième près.

## CHAPITRE IV.

Oxydes. — Protoxyde de potassium. — Protoxyde de sodium. — Protoxyde de calcium. — Oxyde d'aluminium. — Oxyde de magnésium. — Sesquioxyde de fer. — Oxyde de fer magnétique. — Oxyde de zinc. — Protoxyde de plomb. — Bioxyde de plomb. — Oxyde salin de plomb. — Oxyde rouge de mercure.

### Oxydes.

Les oxydes résultent de la combinaison de l'oxygène avec un métal ou un métalloïde. Les oxydes métalloïdes, tels que l'oxyde de carbone, sont peu nombreux et n'ont aucun usage. Le nombre des oxydes métalliques est au contraire considérable.

Les oxydes métalliques le plus employés sont : le *protoxyde de potassium*, le *protoxyde de sodium*, le *protoxyde de calcium*, l'*oxyde d'aluminium*, l'*oxyde de magnésium*, le *sesquioxyde de fer*, l'*oxyde de fer magnétique*, l'*oxyde de zinc*, le *protoxyde de plomb*, le *bioxyde de plomb*, l'*oxyde salin de plomb*, l'*oxyde rouge de mercure*.

**Protoxyde de potassium (potasse caustique),**
$$KO, HO = 56.$$

**Propriétés.** — Le *protoxyde de potassium* ou *potasse caustique* est une substance blanche, fusible au rouge sombre, attaquant le verre, caustique, déliquescente, très-soluble dans l'eau, attirant l'acide carbonique et l'humidité de l'air et se liquéfiant ainsi en carbonate de potasse dissous.

Le protoxyde de potassium se trouve en grande quantité dans la nature, mais à l'état de combinaison sous forme de sels. Il fait partie des terres arables, des cendres des végétaux et des parties liquides ou solides des animaux. On obtient le protoxyde de potassium en décomposant d'abord le carbonate de potasse par la chaux.

*Réaction :*
Carbonate de potasse. { KO.
CO² .................... } CaO,CO².
Chaux .................... | CaO .................... }

La chaux se combine avec l'acide carbonique et forme du carbonate de chaux insoluble; la potasse reste en solution. On filtre la liqueur, on la concentre, on fond le résidu et l'on obtient par le refroidissement la *potasse à la chaux*. Souvent cette potasse n'est pas pure; on la dissout dans l'alcool, on l'évapore, on la fond de nouveau, et l'on a ainsi la *potasse pure* ou *potasse à l'alcool*.

La potasse à la chaux ou à l'alcool est toujours hydratée. On l'appelle caustique pour la distinguer de la potasse du commerce qui est du carbonate de potasse.

*Usages.* — La potasse caustique est employée en médecine sous le nom de pierre à cautère pour cautériser les chairs. La solution de potasse dans l'eau sert de réactif dans les laboratoires. Pour les usages ordinaires, on emploie par économie la potasse du commerce; elle sert à la lessive, parce qu'elle dissout les matières organiques grasses ou colorantes; elle entre dans la composition du verre, du savon, etc. Enfin on se sert des cendres comme d'un excellent engrais, en partie à cause de la potasse qu'elles contiennent.

### Protoxyde de sodium (soude caustique), $NaO, HO = 40$

**Propriétés.** — Le *protoxyde de sodium* ou *soude caustique* est blanc et ressemble beaucoup à la potasse; il est fusible, très-soluble dans l'eau, caustique; mais à l'air il s'effleurit et devient une poussière sèche de carbonate de soude au lieu d'être déliquescent comme la potasse.

La soude ne se trouve dans la nature qu'engagée dans les mêmes combinaisons que la potasse; mais si elle existe en quantité moins grande dans les plantes, elle est très-abondante dans les varechs ou fucus, végétaux communs sur les côtes de la mer. Les cendres des varechs sont aussi riches en carbonate de soude que les cendres de nos arbres en carbonate de potasse.

On obtient la soude en décomposant d'abord le carbonate de soude par la chaux : la chaux forme avec l'acide carbonique du carbonate de chaux insoluble, et la soude reste en solution. On filtre, on évapore, puis on fond le résidu, et si on veut, on le purifie par l'alcool comme la potasse. D'où il suit que l'on a pareillement de la soude à la chaux ou à l'alcool, que l'on appelle soude caustique pour la distinguer de la soude du commerce, qui est du carbonate de soude.

**Usages.** — La soude caustique sert de réactif dans les laboratoires et peut remplacer la potasse pour tous ses usages. Dans l'industrie et les manufactures, on emploie la soude de commerce qui est moins chère et qui se transforme en soude par les manipulations qu'elle subit.

### Protoxyde de calcium (chaux), $CaO = 28$.

**Propriétés.** — Le *protoxyde de calcium* ou *chaux* est blanc, peu soluble dans l'eau; il ne fond pas au meilleur feu de forge; il absorbe l'humidité et l'acide carbonique de l'air.

La chaux est toujours combinée dans la nature avec un acide. Le phosphate de chaux entre pour beaucoup dans les os du squelette animal; le sulfate est la pierre à plâtre; le carbonate constitue le marbre, la pierre calcaire, la craie, les coquilles d'huître, etc., et se nomme pierre à chaux par excellence. Sur 1,000 kilogrammes, les fourrages empruntent à la terre de 100 à 500 kilogrammes de chaux.

On obtient la chaux en calcinant la *pierre à chaux :* par la chaleur, l'acide carbonique se dégage, et il reste de la chaux anhydre que l'on appelle *chaux vive* ou *caustique.*

La chaux anhydre se combine rapidement avec l'eau en dégageant beaucoup de chaleur, et forme de la chaux hydratée ou *chaux éteinte.* En se combinant avec l'eau, elle foisonne, c'est-à-dire qu'elle augmente de volume. La solution aqueuse de chaux s'appelle *eau de chaux.* Le liquide blanc qu'on obtient en délayant la chaux dans l'eau est nommé *lait de chaux.*

La chaux vive se distingue, suivant la nature du calcaire calciné, en *chaux grasse, chaux maigre* et *chaux hydraulique.*

La chaux grasse, provenant des calcaires les plus purs, est blanche, foisonne beaucoup et donne d'excellents mortiers.

La chaux maigre, où l'on trouve du fer et de la magnésie, est grise, augmente peu de volume, est peu liante, peu tenace.

La chaux hydraulique forme des mortiers qui durcissent dans l'eau : elle provient de matières qui contiennent de la silice et de l'alumine. On l'obtient en mélant un peu d'argile avec le carbonate de chaux avant la calcination.

**Usages.** — La chaux sert de réactif dans les laboratoires ; mais elle est bien autrement employée dans les constructions, l'agriculture et l'industrie. Elle sert dans la fabrication du verre, des bougies, du sucre, etc. ; à gonfler les peaux dans le tannage, à débarrasser le gaz de l'éclairage des acides carbonique et sulfhydrique. En agriculture, on amende avec la chaux les terres sableuses, légères ou tourbeuses, et on passe le grain à la chaux avant de le semer, ce qu'on appelle *chaulage*, afin d'en éloigner les insectes et d'en activer la végétation. Mais la principale utilité de la chaux est pour les constructions. On la mélange avec de l'eau, du plâtre et du sable ; on forme ainsi des mortiers qui durcissent à l'air, parce que la chaux absorbe peu à peu l'acide carbonique de l'air et redevient carbonate de chaux. Le ciment romain est un mortier formé avec la chaux hydraulique ; il durcit beaucoup sous l'eau.

### Oxyde d'aluminium (alumine), $Al^2O^3 = 52$.

**Propriétés.** — L'*oxyde d'aluminium* ou *alumine* se trouve naturellement pur et cristallisé sous le nom de *corindon hyalin*. Dans les laboratoires, on l'obtient en poudre blanche, anhydre, infusible et insoluble dans l'eau, quand on précipite une dissolution d'alun (sulfate double d'alumine et de potasse) par un excès de carbonate d'ammoniaque, puis qu'on lave, dessèche et calcine le dépôt gélatineux qui s'est formé.

**Usages.** — Le corindon, plus ou moins pur, constitue le rubis, une espèce de topaze et de saphir. Réduit en poudre, c'est l'*émeri*, avec lequel on use le verre. L'alumine gélatineuse forme des *laques* avec les matières colorantes. L'alumine fait encore partie des terres arables et entre dans la composition de l'alun.

**Oxyde de magnésium (magnésie calcinée), MgO = 20**

**Propriétés.** — L'*oxyde de magnésium* ou *magnésie calcinée* est une poudre blanche, douce au toucher, sans saveur ni odeur, et à peine soluble dans l'eau.

La magnésie est très-répandue dans la nature, mais combinée avec les acides ou d'autres oxydes. On l'obtient en calcinant le carbonate de magnésie; l'acide carbonique se dégage.

**Usages.** — La magnésie est employée en médecine contre les aigreurs de l'estomac; c'est un excellent contre-poison de l'acide arsénieux. Pour posséder ces propriétés médicales, elle doit être obtenue en calcinant légèrement le carbonate de magnésie.

**Sesquioxyde de fer, $Fe^2O^3 = 80$.**

**Propriétés.** — Le *sesquioxyde de fer* est encore nommé *colcothar* ou *rouge d'Angleterre*. Il forme une poudre d'un brun rougeâtre, insoluble dans l'eau. On l'obtient en préparant l'acide sulfurique de Nordhausen.

**Usages.** — Le sesquioxyde de fer est employé dans la peinture à l'huile et pour polir les métaux. On l'a aussi administré pour combattre les empoisonnements par l'acide arsénieux.

**Oxyde de fer magnétique, $Fe^3O^4 = 116$.**

**Propriétés.** — L'*oxyde de fer magnétique* est noir. Il en existe de grandes quantités en Suède et en Norwége; mais il se forme artificiellement lorsqu'on décompose la vapeur d'eau par le fer rouge.

**Usages.** — L'oxyde de fer magnétique est exploité comme minerai de fer. Son nom lui vient de ce que l'aimant naturel en est presque exclusivement formé.

## Oxyde de zinc (blanc de zinc), ZnO = 41.

**Propriétés.** — L'*oxyde de zinc* ou *blanc de zinc* est une poudre blanche, insoluble dans l'eau; quand on le chauffe, il jaunit, mais cette teinte disparaît par le refroidissement.

On obtient le blanc de zinc en chauffant le zinc au contact de l'air.

**Usages.** — Le blanc de zinc a été substitué au blanc de plomb (carbonate de plomb) pour la peinture en bâtiments, d'abord parce que sa préparation ne peut nuire à la santé des ouvriers; de plus, il n'est pas noirci par les émanations sulfureuses, parce que le sulfure de zinc est lui-même blanc, tandis que les peintures au blanc de plomb noircissent à ces émanations, parce que le sulfure de plomb est noir.

## Protoxyde de plomb (massicot, litharge), PbO = 112.

**Propriétés.** — Le *protoxyde de plomb*, nommé dans les arts *massicot*, est une poudre jaune qui fond par la chaleur et cristallise par le refroidissement; on l'appelle *litharge* après la fusion.

On l'obtient : 1° dans la préparation de l'argent ; 2° en calcinant le carbonate ou l'azotate de plomb : l'acide carbonique ou l'acide azotique se dégagent et l'oxyde de plomb reste.

**Usages.** — Le protoxyde de plomb sert en peinture; il rend les huiles siccatives; il est employé pour la même raison en médecine dans la fabrication de certains onguents ou emplâtres. Il sert à la fabrication des sels de plomb, du cristal, de l'émail, etc.

**Bioxyde de plomb (acide plombique),** $PbO^2 = 120$.

**Propriétés.** — Le *bioxyde de plomb* ou *acide plombique*, est encore appelé *oxyde puce* à cause de sa couleur : c'est une poudre couleur puce. Par la chaleur, il perd de l'oxygène et devient protoxyde.

On l'obtient en traitant à chaud le minium par l'acide azotique, qui dissout le protoxyde de plomb et précipite l'acide plombique.

**Usages.** — L'acide plombique entre dans la fabrication de certaines allumettes sans phosphore qui ne font pas d'explosion.

**Oxyde salin de plomb (minium),** $(PbO)^2, PbO^2 = 341$.

**Propriétés.** — L'*oxyde salin de plomb* ou *minium* est une poudre d'une belle couleur rouge. Il est formé de deux parties de protoxyde et d'une partie de bioxyde ou acide plombique.

On obtient le minium en chauffant le massicot au contact de l'air; la température ne doit pas dépasser 300°, car en chauffant fortement le minium, il reviendrait à l'état de protoxyde.

**Usages.** — Le minium est employé pour colorer le papier de tenture et comme couleur à l'huile; il sert à la fabrication du cristal, etc.

**Oxyde rouge de mercure (précipité rouge),** $HgO = 108$.

**Propriétés.** — L'*oxyde rouge de mercure* ou *précipité rouge* est d'une belle couleur rouge, à peine soluble dans l'eau; il cède facilement son oxygène. Chauffé avec du soufre, il détone; exposé à la lumière, il perd peu à peu son oxygène. Si on le chauffe, il se décompose en oxygène et en mercure.

On obtient l'oxyde de mercure en chauffant le mercure au contact de l'air; il se forme peu à peu une poudre rouge que les anciens chimistes appelaient *précipité per se*, c'est-à-dire se formant de lui-même.

**Usages.** — L'oxyde rouge de mercure sert en médecine à faire des pommades employées dans les maladies des yeux.

---

# CHAPITRE V.

Combinaisons d'un métalloïde avec un métal. — Sulfures. — Action de l'air et de l'eau sur les sulfures. — Chlorures. — Action de l'eau et des métaux. — Chlorure de sodium. — Protochlorure de mercure. — Bichlorure de mercure. — Chlorure d'argent. — Chlorure d'or. — Iodures. — Iodure de potassium. — Iodure de mercure. — Iodure d'argent. — Cyanures. — Cyanure de potassium. — Cyanure d'argent. — Cyanure d'or.

## Combinaisons d'un métalloïde avec un métal.

Tous les métalloïdes peuvent s'unir avec quelques métaux au moins pour former des composés binaires. Il en est trois surtout, le *soufre*, le *chlore* et l'*iode*, qui se combinent avec presque tous les métaux de manière à former des *sulfures*, des *chlorures*, des *iodures* métalliques.

La méthode la plus simple pour obtenir artificiellement ces différents composés binaires consiste à unir directement le métalloïde avec le métal. Quelquefois on remplace le métal par son oxyde, quand l'oxygène peut se combiner avec le métalloïde, comme le soufre avec l'oxyde de plomb; ou l'on traite le sel métallique, par exemple un sulfate, par le charbon qui forme de l'acide carbonique avec l'oxygène de l'acide et de la base;

ou enfin l'on opère par double décomposition, comme quand on traite par le sel marin un sulfate de mercure.

Les composés les plus intéressants d'un métalloïde avec un métal sont les *sulfures*, les *chlorures*, les *iodures*, auxquels nous ajouterons les *cyanures*, bien que ce soient des composés ternaires, vu que le cyanogène se comporte avec les métaux comme un corps simple.

### Sulfures.

Les *sulfures* métalliques sont des composés binaires de soufre et d'un métal.

Le soufre se combine avec presque tous les métaux, quelquefois même en plusieurs proportions; aussi l'a-t-on appelé le *grand minéralisateur*.

Les sulfures sont très-abondants dans la nature. C'est des sulfures que l'on extrait le zinc, le cuivre, le plomb, le mercure, etc.; c'est en les grillant à l'air que l'on obtient plusieurs sulfates. Ils n'ont guère d'autre utilité. Cependant le *sulfure de mercure* ou *cinabre* broyé avec de l'eau donne la couleur appelée *vermillon*, et le *bisulfure d'étain*, produit de l'art, est l'*or mussif* employé pour bronzer le bois et pour frotter les coussins de la machine électrique.

**Action de l'air et de l'eau.** — Tous les sulfures sont décomposés par la double action de la chaleur et de l'air. Les uns, comme le sulfure de potassium, se changent en sulfates; d'autres, comme le sulfure de fer, deviennent d'abord sulfates, et à une température élevée, il ne reste que l'oxyde; d'autres enfin, comme le sulfure d'argent, abandonnent le métal.

Les sulfures de la première section et de magnésium sont seuls solubles. Celui d'aluminium se décompose au contact de l'eau et précipite de l'alumine. L'eau ne dissout ni ne modifie aucun des autres.

### Chlorures.

Les *chlorures* métalliques résultent de la combinaison directe du chlore avec les autres corps simples, qu de l'acide chlorhydrique avec un oxyde métallique, l'hydrogène de l'acide et l'oxygène de l'oxyde se combinant pour former de l'eau. Presque tous les chlorures sont volatils.

Les chlorures les plus employés sont: le *chlorure de sodium*, le *protochlorure de mercure*, le *bichlorure de mercure*, le *chlorure d'argent* et le *chlorure d'or*.

**Action de l'eau et des métaux.** — Tous les chlorures, excepté le protochlorure de mercure et le chlorure d'argent, pouvant se dissoudre dans l'eau, on admet généralement que, dans une semblable dissolution, l'eau, en se décomposant, acidifie le métalloïde et oxyde le métal; car, d'une part, la dissolution prend une couleur tout autre que le composé binaire, et le chlorure de cobalt, par exemple, qui est gris-blanc, donne une liqueur rose comme le protosulfate de cobalt; d'autre part, si l'on verse dans la dissolution de la potasse ou de l'ammoniaque, il se précipite un oxyde métallique; enfin, la dissolution de certains chlorures est sensiblement acide. Les phénomènes sont les mêmes avec l'iode, le fluor, le brome et même le cyanogène.

Le potassium et le sodium décomposent par la chaleur tous les autres chlorures secs. Un métal décompose toujours les chlorures des sections qui suivent celle à laquelle il appartient. Quelquefois le chlorure cède une partie de son chlore au métal que l'on plonge dans sa dissolution.

**Chlorure de sodium (sel marin), $NaCl = 58$.**

**Propriétés.** — Le *chlorure de sodium* ou *sel marin* est solide, blanc, d'une saveur salée qui est connue de tout le monde; il cristallise en petits cubes qui se superposent de manière à former une pyramide creuse à quatre faces; il est très-soluble dans l'eau, et décrépite sur des charbons ardents.

Le chlorure de sodium existe dans l'eau de la mer; on le trouve aussi en quantité considérable dans la terre : il porte alors le nom de *sel gemme.*

Pour extraire le *sel marin* de l'eau de la mer, il suffit d'évaporer cette eau soit par l'action du soleil, soit par celle du feu : le sel cristallise. Il n'est pas pur et on le désigne sous le nom de *sel gris.* Pour le purifier, il faut le dissoudre dans l'eau, filtrer la liqueur et l'évaporer de nouveau.

On retire de la terre le *sel gemme* en blocs que l'on pulvérise : quand il est pur, on peut l'employer de suite; mais lorsqu'il est impur, on le dissout, on filtre, puis on évapore.

**Usages.** — Le sel sert à assaisonner les aliments et à les conserver. On l'emploie pour le chaulage des grains, pour l'amendement de quelques terres, et pour vernir certaines poteries communes. Il sert aussi à la fabrication du sulfate de soude, de l'acide chlorhydrique, du sel ammoniac, des chlorures de mercure, etc. Mêlé avec de la glace pilée, il forme le mélange réfrigérant dont se servent d'ordinaire les glaciers pour faire les glaces.

**Protochlorure de mercure (calomel),** $Hg^2Cl = 235$.

**Propriétés.** — Le *protochlorure de mercure,* connu encore sous le nom de *calomel,* est solide, blanc, insoluble dans l'eau, très-soluble dans l'eau de chlore.

On obtient le calomel *à la vapeur* ou *en poudre fine* en distillant un mélange de sulfate de protoxyde de mercure et de chlorure de sodium ; les vapeurs sont conduites par un tube large et court dans une fontaine, où elles se condensent avant de toucher les parois et tombent au fond sous forme de poudre impalpable.

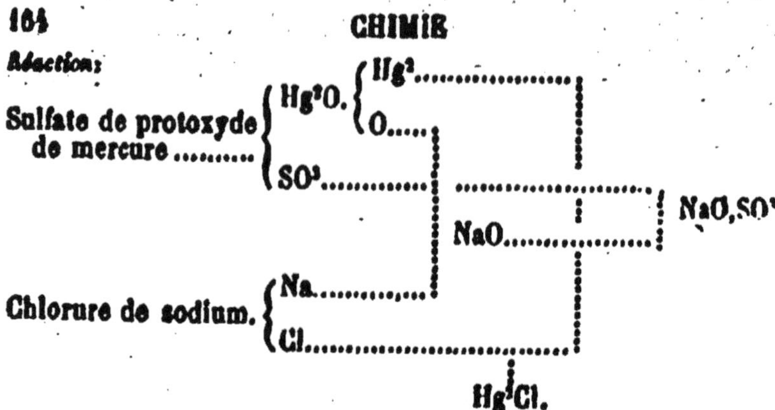


L'oxygène se combine avec le sodium et forme de la soude NaO, qui forme, avec l'acide sulfurique, du sulfate de soude NaO,SO³; le chlore se combine avec le mercure et forme du protochlorure de mercure Hg²Cl.

Il se forme quelquefois en même temps une petite quantité de bichlorure de mercure (sublimé corrosif); il faut alors laver le calomel dans l'eau et filtrer; le bichlorure soluble est enlevé par les eaux de lavage et le calomel reste pur. Il est important que le calomel ne contienne pas de sublimé, car il serait alors dangereux.

**Usages.** — Le calomel est très-employé en médecine; il forme, avec le cold-cream, une pommade excellente pour guérir quelques maladies de la peau. Le calomel en poudre est administré à l'intérieur comme purgatif; on le donne aux enfants pour détruire les vers. Il est important de ne pas leur donner en même temps du bouillon ou autre liquide contenant du sel marin, dont la réaction donnerait lieu à des composés très-dangereux.

**Bichlorure de mercure (sublimé corrosif), HgCl = 135.**

**Propriétés.** — Le *bichlorure de mercure* est encore nommé *sublimé corrosif*: c'est un caustique énergique et un poison, même à faible dose. Il est soluble dans l'eau. Il forme avec le blanc d'œuf (albumine) un composé insoluble.

On obtient le bichlorure de mercure en chauffant un mélange de sulfate de bioxyde de mercure et de chlorure de sodium. L'oxygène du bioxyde avec le sodium forme de la soude NaO, et celle-ci, se combinant avec l'acide sulfurique, forme du sulfate de soude $NaO,SO^4$; le chlore forme avec le mercure du bichlorure de mercure $HgCl$.

**Usages.** — Le sublimé corrosif est employé en médecine; il sert à cautériser les plaies de mauvaise nature; on l'administre aussi à l'intérieur en petite quantité. Le contre-poison du bichlorure de mercure est le blanc d'œuf, à cause de son albumine.

### Chlorure d'argent, $AgCl = 143$.

**Propriétés.** — Le *chlorure d'argent* est blanc, mais devient violet à la lumière en subissant une décomposition partielle. Il est insoluble dans l'eau, soluble dans l'hyposulfite de soude.

Pour obtenir le chlorure d'argent, il faut mettre en contact avec l'acide chlorhydrique un sel d'argent, l'azotate par exemple.

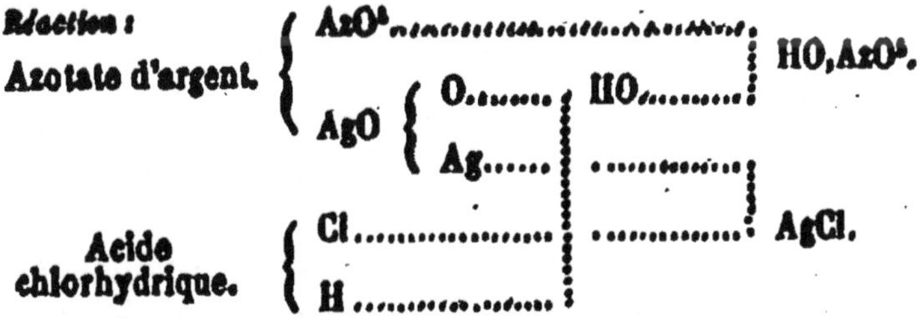

```
Réaction :
                    ┌ AzO⁵ ......................................┐
Azotate d'argent.  ┤                                            ├ HO,AzO⁵.
                    │       ┌ O.......... ┐ HO............ ┘
                    └ AgO  ┤
                            └ Ag...... ┐  ............... ┐
                                                          ├ AgCl.
Acide              ┌ Cl................ ┘ ............... ┘
chlorhydrique.     ┤
                    └ H ................ ┘
```

L'hydrogène de l'acide chlorhydrique s'unit à l'oxygène de l'oxyde et forme de l'eau qui se combine avec l'acide azotique mis en liberté; le chlorure d'argent se précipite.

**Usages.** — Le chlorure d'argent est l'instrument obligé de la photographie à cause de sa sensibilité extrême pour la lumière.

### Chlorure d'or, $Au^2Cl^3 = 303$.

**Propriétés.** — Le *chlorure d'or*, qui est un sesqui-chlorure, cristallise en aiguilles prismatiques rouge brun. Il est soluble dans l'eau, l'alcool et l'éther, et décomposable par la chaleur et la lumière.

On retire le chlorure d'or de la dissolution d'or dans l'eau régale évaporée jusqu'à cristallisation. Les cristaux sont des aiguilles jaune clair, renfermant de l'acide chlorhydrique que l'on fait évaporer à une température graduellement croissante.

**Usages.** — Le chlorure d'or est employé en médecine, mais surtout dans la galvauoplastie, où il dépose son or sur la pièce à dorer, et dans la photographie, où la présence de l'or donne du ton et de la solidité à l'épreuve.

### Iodures.

Les *iodures* métalliques résultent de la combinaison de l'iode avec les autres corps simples.

Les iodures les plus employés sont l'*iodure de potassium*, l'*iodure de mercure* et l'*iodure d'argent*.

### Iodure de potassium, $KI = 166$.

**Propriétés.** — L'*iodure de potassium* est solide, blanc, cristallisé en cubes; il est soluble dans l'eau et a une saveur désagréable.

On obtient l'iodure de potassium en introduisant de l'iode dans une dissolution de potasse; il en résulte de l'iodure de potassium et de l'iodate de potasse.

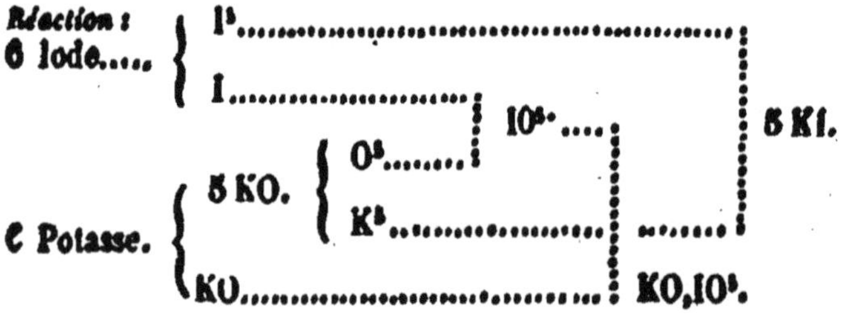

$$
\text{Réaction :} \quad
\begin{cases}
\text{6 Iode} \begin{cases} I^5 \text{\dotfill} \\ I \text{\dotfill} \end{cases} \\[2ex]
\text{C Potasse} \begin{cases} \text{5 KO} \begin{cases} O^5 \text{\dotfill} \quad IO^{5} \text{\dots} \\ K^5 \text{\dotfill} \end{cases} \\[1ex] KO \text{\dotfill} \end{cases}
\end{cases}
\quad
\begin{matrix} \text{5 KI.} \\[6ex] \\ KO,IO^5. \end{matrix}
$$

1 équivalent d'iode décompose 5 équivalents de potasse, et prenant les 5 équivalents d'oxygène, forme de l'acide iodique $IO^5$; l'acide iodique se combine avec un sixième équivalent de potasse et forme de l'iodate de potasse $KO,IO^5$; lés 5 équivalents de potassium se combinent avec 5 équivalents d'iode et forment 5 équivalents d'iodure de potassium 5 KI.

On calcine le mélange; l'oxygène de l'iodate de potasse se dégage, et le tout devient iodure de potassium.

$$KO,IO^5 = KI + O^6.$$

On dissout l'iodure dans l'eau, on filtre, puis on évapore, et on obtient ainsi l'iodure de potassium cristallisé.

**Usages.** — L'iodure de potassium est très-employé en médecine. Il sert aussi de réactif dans les laboratoires, parce qu'il rend sensibles les plus légères traces de fécule ou d'amidon en les colorant en bleu. En photographie, le bain d'iodure de potassium, dans lequel on plonge le verre ou le papier imprégné d'azotate d'argent, le recouvre d'iodure d'argent par décomposition de l'azotate.

### Iodures de mercure.

**Propriétés.** — Il existe deux iodures de mercure : le *protoiodure* et le *biiodure*.

On obtient le protoiodure de mercure en versant de l'iodure de potassium dans une solution d'azotate de protoxyde de mercure; cet iodure est d'un vert sale.

On obtient le biiodure en versant une solution d'iodure de potassium dans une solution de bichlorure de mercure. Cet iodure est rouge : en chauffant l'iodure rouge il devient jaune.

**Usages.** — Les iodures de mercure sont employés en

médecine. De plus, le biiodure sert à teindre le coton en écarlate ou dans la peinture à l'aquarelle et à l'huile.

## Iodure d'argent, AgI = 235.

L'*iodure d'argent* est solide et naturellement jaune ; mais il devient noir sous l'action de la lumière.

On trouve l'iodure d'argent dans la nature. Pour le préparer artificiellement, on peut le précipiter d'un sel d'argent, l'azotate par exemple, par l'iodure de potassium, et il est alors amorphe. Si on fait agir directement sur le métal l'acide hydriodique, il cristallise au contraire en prismes.

**Usages.** — L'iodure d'argent est employé, comme le chlorure, en photographie, à cause de sa sensibilité extrême à l'action de la lumière.

## Cyanures.

Les *cyanures* se forment par la combinaison de l'acide cyanhydrique avec une base telle que la potasse.

Les cyanures employés sont le *cyanure de potassium*, le *cyanure d'argent* et le *cyanure d'or*.

## Cyanure de potassium, KCy = 65.

**Propriétés.** — Le *cyanure de potassium* est blanc, cristallisé en cubes, d'une saveur âcre, très-soluble dans l'eau, fusible, mais indécomposable à la chaleur rouge. A l'air, il se décompose et répand une odeur d'amande amère.

Pour obtenir le cyanure de potassium, il suffit de calciner dans une cornue le prussiate de potasse, qui est un cyanure double de potassium et de fer dans la proportion de 2 à 1 ; il ne reste plus que du cyanure de potassium et du fer. En traitant par l'eau le résidu, le fer se dépose, et en évaporant la liqueur, on a le cyanure.

**Usages.** — Le cyanure de potassium est quelquefois employé en médecine; mais il sert principalement dans la galvanoplastie, parce qu'il dissout facilement les oxydes et les cyanures métalliques des autres sections.

### Cyanure d'argent, $AgCy = 134$.

**Propriétés.** — Le *cyanure d'argent* est blanc, insoluble dans l'eau, mais soluble dans tout cyanure alcalin et formant avec lui un cyanure double cristallisable.

On l'obtient en versant sur de l'azotate d'argent une dissolution d'acide cyanhydrique.

**Usages.** — Le cyanure d'argent dissous dans le cyanure de potassium constitue, en galvanoplastie, le bain dans lequel on plonge les pièces que l'on veut argenter.

### Cyanure d'or, $Au^2Cy = 222$.

**Propriétés.** — Le *cyanure d'or* se dépose en cristaux grenus jaunes, quand on traite le cyanure double de potassium et d'or par l'acide chlorhydrique.

**Usages.** — Le cyanure d'or $Au^2Cy$, ou un autre cyanure de même métal $Au^2Cy^3$, sont employés pour la dorure galvanique dans la proportion de 1 de cyanure d'or contre 10 de cyanure de potassium dissous dans 100 parties d'eau distillée.

# CHAPITRE VI.

**Sels.** — Lois de Berthollet. — Détermination du genre et de l'espèce des sels. — Sulfates. — Propriétés des sulfates. — Sulfates de potasse, de soude, de chaux. — Sulfate double d'alumine et de potasse. — Sulfates de magnésie, de fer, de zinc, de cuivre. — Hypochlorites. — Hypochlorites de potasse, de soude, de chaux.

## Sels.

Un sel, comme on l'a déjà vu, est le résultat de la combinaison de deux corps composés, l'un acide, élément électro-négatif, l'autre, base électro-positive; la base est ordinairement un oxyde métallique.

Les sels métalliques sont naturellement plus nombreux que les oxydes, puisque le même oxyde peut se combiner avec un grand nombre d'acides. Cependant il existe plusieurs oxydes qui ne peuvent servir de base : en présence d'un acide, ils perdent ou prennent de l'oxygène, et ce n'est qu'après le changement de l'oxyde que la combinaison a lieu. Ainsi, que l'on chauffe du bioxyde de manganèse avec l'acide sulfurique, il se dégage de l'oxygène et il se forme du sulfate de protoxyde.

On classe les sels d'après leur acide ou d'après leur oxyde; la dernière méthode est celle du minéralogiste, mais le chimiste préfère établir les genres des sels d'après l'acide et les espèces d'après l'oxyde. Les genres de sels les plus employés sont : les *sulfates*, les *hypochlorites*, les *azolates*, les *carbonates*, les *borates*, les *silicates* et les *sels ammoniacaux*.

**Lois de Berthollet.** — Un sel mis en présence d'une base, d'un acide ou d'un autre sel, peut être décomposé; ou l'on prend les sels en dissolution, ou bien la réaction se fait à la chaleur. Berthollet, chimiste français du commencement de ce siècle, a soumis les réactions possibles aux lois suivantes :

**1re loi.** Une base ou un acide décompose toujours un sel : 1° si la base ou l'acide du sel est volatil; 2° si la base ou l'acide du sel est insoluble; 3° si le sel étant soluble, il doit résulter de la réaction un sel insoluble.

**2e loi.** Deux sels solubles se décomposent, quand ils peuvent, en échangeant leur acide et leur base, former un sel insoluble. -

**3e loi.** Deux sels insolubles se décomposent par la chaleur quand il peut résulter du même échange, soit un sel fixe et un sel plus volatil que chacun d'eux, soit seulement un sel infusible ou beaucoup moins fusible que chacun d'eux.

**Détermination du genre et de l'espèce des sels usuels.—** S'agit-il de déterminer le genre d'un sel, c'est-à-dire son acide? On reconnaît : 1° un sulfate, quand le sel, soluble ou rendu soluble par ébullition avec du carbonate de potasse, donne avec le chlorure de barium un précipité (sulfate de baryte) inaltérable à la chaleur et insoluble dans l'eau et les acides; 2° un chlorite, quand le sel rend jaunâtre l'acide sulfurique concentré et qu'il s'en dégage un gaz verdâtre très-odorant (bioxyde de chlore); 3° un azotate, quand le sel fuse et s'enflamme sur des charbons ardents, ou quand l'acide sulfurique en dégage en présence du cuivre des vapeurs rutilantes (acide hypoazotique); 4° un carbonate, quand le sel, traité par un acide, dégage avec effervescence un gaz (acide carbonique) sans couleur ni odeur; 5° un borate, s'il est soluble, quand l'acide sulfurique, à une légère chaleur, en précipite en lames l'acide borique, dont la dissolution dans l'alcool brûle avec une flamme verte; 6° un silicate, s'il est soluble, quand il donne par l'acide azotique un précipité gélatineux insoluble dans l'eau, soluble dans la potasse; s'il est insoluble, quand il donne au chalumeau de la silice avec le phosphate double de soude et d'ammoniaque; 7° un sel ammoniacal, quand la dissolution traitée par la potasse, laisse échapper du gaz ammoniac.

S'agit-il ensuite de déterminer l'espèce, c'est-à-dire l'oxyde ? 1° Les sels de potasse, de soude, de chaux, de magnésie ne précipitent pas par le sulfhydrate de potasse pur ; mais un sel de magnésie précipite par l'ammoniaque, les sels de chaux par le sous-carbonate de potasse, et les sels de potasse et de soude, qui ne précipitent ni par l'ammoniaque ni par le sous-carbonate, se distinguent en ce que les premiers, traités par un excès d'acide tartrique, donnent un précipité blanc et cristallin (bitartrate de potasse), ce que ne font pas les seconds ; 2° les sels de fer, de plomb et de zinc donnent par la potasse un précipité incolore : mais le précipité de fer bleuit subitement à l'air ; les sels de plomb, à la saveur sucrée, donnent avec les sulfhydrates un précipité noir, avec le chromate de potasse un précipité jaune ; les sels de zinc donnent un précipité blanc avec l'acide sulfhydrique ; 3° les sels de cuivre laissent déposer le cuivre sur une lame de fer ; 4° les sels d'argent donnent avec le chlorure de sodium un précipité blanc, caillebotté (chlorure d'argent), qui devient violet à la lumière.

### Sulfates.

Les *sulfates* résultent de la combinaison de l'acide sulfurique avec les différentes bases.

Les sulfates principalement employés sont : les *sulfates de potasse, de soude, de chaux, d'alumine, de magnésie, de fer, de zinc et de cuivre.*

**Propriétés des sulfates.** — Tous les sulfates, excepté ceux de la première section, sont décomposés par la chaleur : il se dégage de l'acide sulfureux et de l'oxygène, et la base reste. Tous, sans exception, sont réduits par le charbon qui les change en sulfures ; le soufre donnera aussi un sulfure avec les sels des dernières sections. Il y a plus de sulfates solubles que d'insolubles. La baryte d'abord, puis la chaux, l'ammoniaque, la magnésie chassent les autres bases et s'emparent de l'acide. A froid, un sulfate ne sera décomposé que par certains hydracides, et encore en partie; à chaud, il le sera seulement par l'acide borique ou l'acide phosphorique, qui sont plus fixes que l'acide sulfurique.

### Sulfate de potasse, $KO,SO^3 = 87$.

**Propriétés.** — Le *sulfate de potasse*, encore nommé *sel de duobus*, est blanc, cristallisé, soluble dans l'eau, insoluble dans l'alcool; il a une saveur amère et salée.

On obtient le sulfate de potasse par divers procédés :

1° En chauffant un mélange d'azotate de potasse et d'acide sulfurique étendu d'eau, on a de l'acide azotique qui se dégage en vapeurs et du sulfate de potasse qui reste.

$$KO,Az O^5 + SO^3,HO = KO,SO^3,HO + Az O^5.$$

2° On retire beaucoup de sulfate de potasse des cendres de varechs.

3° En chauffant jusqu'au rouge le bisulfate de potasse qui provient de la décomposition du nitre par l'acide sulfurique, il reste du sulfate.

**Usages.** — Le sulfate de potasse sert à la préparation du salpêtre et de l'alun. Il est quelquefois employé en médecine comme purgatif.

### Sulfate de soude, $NaO,SO^3 = 71$.

**Propriétés.** — Le *sulfate de soude* est blanc, cristallisable, efflorescent, très-soluble dans l'eau, insoluble dans l'alcool; il a une saveur amère, salée et très-désagréable.

On l'obtient de différentes manières :

1° En chauffant un mélange d'azotate de soude et d'acide sulfurique étendu d'eau, on obtient de l'acide azotique qui se réduit en vapeurs et du sulfate de soude qui reste.

$$NaO,Az O^5 + SO^3,HO = NaO,SO^3,HO + Az O^5$$

2° En chauffant un mélange de chlorure de sodium et d'acide sulfurique étendu d'eau.

$$NaCl + SO^3,HO = NaO,SO^3,HO + HCl.$$

Il se dégage du gaz acide chlorhydrique, et il reste du sulfate de soude.

**Usages.** — Le sulfate de soude est employé comme purgatif en médecine sous le nom de *sel de Glauber*, et dans l'industrie pour préparer artificiellement la soude du commerce.

**Sulfate de chaux, $CaO,SO^3 = 68$.**

**Propriétés.** — Le *sulfate de chaux* est anhydre ou hydraté.

Le *sulfate hydraté* se trouve abondamment dans la nature; on l'appelle *pierre à plâtre, gypse;* il cristallise en fer de lance ou en prisme oblique. Il est peu soluble dans l'eau : il faut trois cents parties d'eau pour en dissoudre une seule partie.

Le sulfate de chaux perd par la calcination son eau de cristallisation et devient *anhydre;* c'est le *plâtre.* L'opération s'appelle cuire le plâtre; on le pulvérise ensuite et on le tamise pour avoir une poudre fine et d'un grain uniforme. Gâché avec l'eau, il possède la propriété précieuse de se solidifier rapidement en redevenant sulfate de chaux hydraté, et les cristaux qu'il forme s'entrelacent et adhèrent à la pierre de manière à former un tout parfaitement lié. Le plâtre, pour être bon, doit être conservé à l'abri de l'air; autrement il en absorbe peu à peu l'humidité et s'hydrate : on dit alors qu'il est *éventé.*

**Usages.** — Le plâtre sert à faire du mortier pour les constructions, à former sur les murailles une couche uniforme, à amender les prairies artificielles, c'est-à-dire à leur fournir la chaux dont elles ont besoin. On l'emploie encore à mouler toutes sortes d'objets d'art, depuis les statues colossales jusqu'aux médailles les plus fines. Le *stuc* ou faux marbre s'obtient en gàchant du plàtre fin avec de la gélatine, et on le veine en y mêlant des matières colorées : il peut recevoir un beau poli.

### Sulfate double d'alumine et de potasse (alun),

$$KO,SO^3 + Al^2O^3, 3 SO^3 + 24 HO = 475.$$

**Propriétés.** — Le *sulfate d'alumine*, combiné avec les sulfates de potasse, de soude ou d'ammoniaque, forme des sels doubles, appelés *aluns*. L'alun de potasse, le plus important des trois, est blanc, translucide, cristallisé en cubes ou en octaèdres, soluble dans l'eau, surtout à une haute température. Quand on le chauffe, il perd son eau de cristallisation, l'acide sulfurique du sulfate d'alumine se décompose, et il reste un mélange d'alumine et de sulfate de potasse que l'on appelle *alun calciné.*

Pour obtenir l'alun, on expose à l'air humide des schistes alumineux contenant du bisulfure de fer, et on les arrose de temps à autre : le soufre prend l'oxygène de l'air, le fer s'oxyde également, et il se forme ainsi du sulfate de fer; mais comme il y a plus d'acide sulfurique que de fer, il se forme en même temps avec l'alumine du sulfate d'alumine. On dissout les deux sulfates dans l'eau, et on évapore : le sulfate de fer cristallise et le sulfate d'alumine reste en solution. Après avoir retiré le sulfate de fer, on ajoute un sel de potasse, et il se forme bientôt des cristaux d'alun de potasse. En employant le sulfate de soude ou d'ammoniaque, on aurait, par une combinaison semblable, l'alun de soude ou d'ammoniaque.

**Usages.** — L'alun donne à la teinture un mordant pour fixer les couleurs. Il est employé pour préserver de la putréfaction les matières animales, pour la clarification du sucre et des suifs, pour le durcissement du plâtre, etc.

On s'en sert en médecine à l'extérieur, soit comme astringent, tel qu'il a cristallisé, soit, après l'avoir rendu caustique par la calcination, pour ronger et nettoyer les plaies baveuses.

### Sulfate de magnésie, $MgO,SO^3 + 7 HO = 123$.

**Propriétés.** — Le *sulfate de magnésie*, encore nommé *sel d'Epsom*, *sel de Sedlitz*, est solide, blanc, cristallisé, soluble dans l'eau, d'une saveur très-amère et désagréable.

On trouve dans la nature une substance nommée *dolomie*, qui est un carbonate double de chaux et de magnésie. Pour obtenir le sulfate de magnésie, on traite la dolomie par l'acide sulfurique : l'acide carbonique se dégage, et il se forme du sulfate de chaux et du sulfate de magnésie; on délaye le tout dans l'eau et on filtre la liqueur : le sulfate de chaux presque insoluble reste sur le filtre, tandis que le sulfate de magnésie soluble passe; on évapore et le sulfate de magnésie cristallise.

**Usages.** — Le sulfate de magnésie est employé en médecine comme purgatif. Ce sel existe dans certaines eaux minérales, telles que les eaux de Sedlitz et d'Epsom, d'où on l'expédie en bouteilles; mais la pharmacie en fait d'artificielles en dissolvant dans l'eau le sulfate, et les propriétés sont les mêmes.

### Sulfate de fer, $FeO,SO^3 + 7 HO = 139$.

**Propriétés.** — Le *sulfate de fer* ou *couperose verte* est solide, d'une couleur verte, d'une saveur âcre et styptique, soluble dans l'eau et se changeant à l'air en un sous-sel d'un aspect ocreux.

On l'obtient : 1° dans la préparation de l'alun par les schistes alumineux contenant du sulfure de fer; 2° en décomposant l'eau par le fer et l'acide sulfurique, ce qui donne du sulfate de fer parfaitement pur.

**Usages.** — Le sulfate de fer sert spécialement pour la teinture en noir, la fabrication de l'encre, la préparation de l'acide sulfurique de Nordhausen et du bleu de Prusse.

$$\text{Sulfate de zinc, } ZnO,SO^3 + 7\,HO = 144.$$

**Propriétés.** — Le *sulfate de zinc*, ou *couperose blanche*, est solide, blanc, cristallin, soluble dans l'eau, d'une saveur désagréable et qui provoque le vomissement. C'est un poison même à petite dose.

On obtient le sulfate de zinc en décomposant l'eau par le zinc et l'acide sulfurique.

$$HO + Zn + SO^3 = ZnO,SO^3 + H.$$

On filtre la liqueur, puis on évapore, et le sulfate de zinc cristallise.

**Usages.** — Le sulfate de zinc est employé en médecine à l'extérieur comme astringent, et dans la fabrication des étoffes dites *indiennes*, pour couvrir les parties réservées qui ne doivent pas prendre la couleur.

$$\text{Sulfate de cuivre, } CuO,SO^3 + 5\,HO = 125.$$

**Propriétés.** — Le *sulfate de cuivre*, ou *couperose bleue*, est solide; il forme de beaux cristaux bleus, solubles dans l'eau, insolubles dans l'alcool, d'une saveur désagréable : c'est un poison énergique.

On obtient le sulfate de cuivre en chauffant un mélange de tournure de cuivre et d'acide sulfurique.

$$2\,SO^3 + Cu = CuO,SO^3 + SO^2.$$

Il se dégage de l'acide sulfureux et il reste le sulfate.

**Usages.** — Le sulfate de cuivre est employé pour chauler les grains, pour préparer l'oxyde de cuivre ou *cendre bleue*, dont on se sert dans la peinture ou dans la fabrication des papiers peints, et dans la teinture pour teindre la laine et la soie en noir, en lilas, en violet, ou pour fabriquer le vert de Scheele et le vert de Schweinfurt, appliqués au papier. Il est employé en galvanoplastie pour recouvrir les corps d'une couche de cuivre par les courants électriques qui le décomposent[1].

## Hypochlorites.

Les *hypochlorites* sont des combinaisons de l'acide hypochloreux avec les différentes bases.

Trois hypochlorites sont fréquemment employés : ce sont les *hypochlorites de potasse, de soude* et *de chaux*.

### Hypochlorite de potasse, $KO,ClO + KCl = 164$.

**Propriétés.** — L'*hypochlorite de potasse*, vulgairement appelé *chlorure de potasse* ou *eau de Javelle*, est un mélange d'hypochlorite de potasse et de chlorure de potassium.

On obtient l'eau de Javelle en faisant passer un courant de chlore dans une solution faible de carbonate de potasse.

$$2Cl + 2KO,CO^2 = KO,ClO + KCl + 2CO^2.$$

L'acide carbonique se dégage ; une molécule de l'oxyde alcalin se décompose pour former par son potassium un chlorure, et par son oxygène de l'acide hypochlorique, qui s'unit à l'autre molécule d'oxyde non décomposée et forme l'hypochlorite.

**Usages.** — L'eau de Javelle est employée comme décolorant par les blanchisseuses ou pour désinfecter.

1. Voir *Notions de Physique*.

### Hypochlorite de soude, $NaO,ClO + NaCl = 132$.

**Propriétés.** — L'*hypochlorite de soude*, encore nommé *chlorure de soude* ou *liqueur de Labarraque*, est un mélange d'hypochlorite de soude et de chlorure de sodium.

On obtient le chlorure de soude en faisant passer un courant de gaz chlore dans une solution faible de soude.

$$2Cl + 2NaO = NaO,ClO + NaCl.$$

**Usages.** — La liqueur de Labarraque est surtout employée pour désinfecter les plaies.

### Hypochlorite de chaux, $CaO,ClO + CaCl = 126$

**Propriétés.** — L'*hypochlorite de chaux*, encore nommé *chlorure de chaux, chlorure décolorant et désinfectant,* est un mélange d'hypochlorite de chaux et de chlorure de calcium.

On obtient le chlorure de chaux en faisant passer un courant de chlore dans un lait de chaux.

$$2Cl + 2CaO = CaO,ClO + CaCl.$$

**Usages.** — Le chlorure de chaux est vendu sous forme d'une poudre blanche; on délaye cette poudre dans l'eau, elle répand une odeur de chlore, qui devient plus forte dès qu'on ajoute quelques gouttes d'un acide même faible, tel que du vinaigre; la liqueur qu'on obtient ainsi est employée pour désinfecter et pour décolorer.

Lorsqu'on exhume les cadavres, il se répand des gaz qui ont une odeur infecte et qui proviennent de la putréfaction des matières organiques : on désinfecte les corps en les lavant ou les injectant avec le chlorure de chaux, et les endroits où on les transporte, en ajoutant au chlorure une petite quantité d'un acide quelconque, même du vinaigre. Cependant il ne faut pas rendre le dégagement de chlore trop abondant, parce que ce gaz est lui-même nuisible à la respiration, dès qu'il se mêle à l'air en grande quantité.

# CHAPITRE VII.

Azotates. — Propriétés des azotates. — Azotates de potasse, de soude, d'argent. — Carbonates. — Propriétés des carbonates. — Carbonates de potasse, de soude, de chaux, de magnésie, de fer, de plomb. — Borates. — Borate de soude.

## Azotates.

Les *azotates* résultent de la combinaison de l'acide azotique avec les différentes bases.

Les azotates principalement employés sont : les *azotates de potasse, de soude* et *d'argent*.

**Propriétés des azotates.** — Tous les azotates sont décomposés par la chaleur : il se développe des vapeurs rutilantes d'acide hypoazotique. Sur des charbons ardents, ils fusent et déflagrent avec lumière; mêlés avec du charbon ou du soufre, ils détonent à une température plus ou moins élevée : il y a dégagement d'acide hypoazotique et formation d'acide carbonique ou sulfurique qui s'unit à la base. Tous sont solubles. Un métal chauffé avec un azotate s'oxyde aux dépens de l'acide, et l'oxyde reste mélangé ou combiné avec la base. L'acide carbonique n'a aucune action sur les azotates. L'acide sulfurique leur enlève leur base pour former un sulfate. Il en est de même de l'acide chlorhydrique ; mais de plus il décompose en partie l'acide, et donne de l'acide hypoazotique et du chlore.

### Azotate de potasse, $KO,AzO^5 = 101$.

**Propriétés.** — *L'azotate de potasse*, appelé encore *nitre* ou *salpêtre*, est solide, anhydre, blanc quand il est pur et quand il est impur d'un jaune sale, d'une saveur fraîche et piquante, cristallisé, soluble dans l'eau, insoluble dans l'alcool, décomposable par la chaleur.

Le salpêtre se trouve abondamment dans certains pays chauds, tantôt à la surface du sol, tantôt dans les calcaires; pour le recueillir, il suffit de lessiver le sable ou le calcaire et d'évaporer la lessive. Dans les pays froids, il se forme dans les caves, les écuries, les endroits humides, dans quelques terres cultivées, etc.

Pour retirer le salpêtre des matériaux salpêtrés, on les pulvérise et on les délaye avec de l'eau; puis on décante ce liquide qui tient en solution une grande quantité d'azotate de chaux et une petite quantité d'azotate de magnésie et de salpêtre. On ajoute dans la liqueur du carbonate de potasse, qui forme du carbonate de chaux et de magnésie insoluble et du salpêtre soluble. On filtre, puis on évapore et le salpêtre cristallise. On le purifie ensuite par des cristallisations répétées.

Le Pérou a des montagnes d'azotate de soude appelé *caliche*. En traitant ce sel par le chlorure de potassium tiré des varechs, qui en contiennent 30 pour 100, ou de toute autre substance, on a par double décomposition du chlorure de sodium qui se dépose et de l'azotate de potasse qui reste en dissolution dans le liquide. C'est aujourd'hui le moyen le moins coûteux et le plus suivi pour obtenir artificiellement le salpêtre.

**Usages.** — Le salpêtre est employé, dans l'industrie, à la fabrication de l'acide azotique, de la poudre de guerre et de certaines allumettes. Il sert en médecine comme diurétique et rafraîchissant. La végétation est fortement activée par le salpêtre, dont l'azote contribue à développer les substances albuminées, comme dans le blé.

## Azotate de soude, $NaO,AzO^3 = 85$.

**Propriétés.** — L'*azotate de soudé*, ou *nitre cubique*, a généralement les mêmes propriétés que l'azotate de potasse. On le trouve naturellement, en Amérique, sous l'argile; d'où le nom commercial de *salpêtre du Chili*.

**Usages.** — L'azotate de soude sert à la préparation de l'acide azotique et du sulfate de soude. Son action en agriculture est favorable au développement de certaines plantes, notamment dans les prairies artificielles.

## Azotate d'argent, $AgO,AzO^3 = 170$.

**Propriétés.** — L'*azotate d'argent* ou *nitrate d'argent* est solide, anhydre, blanc quand on le prépare, mais devenant noir sous l'influence de la lumière, cristallisant en lames transparentes, soluble dans l'eau, caustique; il tache la peau en noir. Quand on le chauffe, il fond, et peut être alors coulé dans des cylindres d'argent graissés à l'intérieur; on le sort de ces cylindres, et il forme des bâtons de couleur foncée connus sous le nom de *pierre infernale*. Ces bâtons doivent être conservés dans des porte-crayons d'argent.

On obtient l'azotate d'argent en dissolvant l'argent à l'aide de la chaleur dans l'acide azotique; en évaporant la liqueur acide, l'azotate cristallise.

**Usages.** — La pierre infernale est employée en médecine pour cautériser les plaies. On peut la remplacer par une solution d'azotate d'argent qui sert encore, dans la photographie, pour transformer l'iodure de potassium en iodure d'argent. Comme l'azotate noircit à la lumière, on s'en sert comme d'une encre à marquer le linge.

## Carbonates.

Les *carbonates* sont formés par la combinaison de l'acide carbonique avec une base.

Les carbonates sont très-nombreux; ceux qui sont principalement employés sont : les *carbonates de potasse, de soude, de chaux, de magnésie, de fer et de plomb.*

**Propriétés des carbonates.** — Presque tous les carbonates sont décomposables par la chaleur; ils le sont tous avec le concours de l'humidité : ainsi de la vapeur d'eau en passant sur du carbonate de baryte le décompose. Le charbon change l'acide carbonique du sel en oxyde de carbone; le soufre, à une température élevée, chasse l'acide et forme avec la base un sulfure et un sulfate. Les carbonates de potasse, de soude et d'ammoniaque seuls sont solubles; quelques autres se dissolvent à la faveur d'un excès d'acide. Tout acide en dissolution décompose, même à froid, un carbonate et en dégage l'acide carbonique avec effervescence.

### Carbonate de potasse, $KO,CO^2 = 69$.

**Propriétés.** — Le *carbonate de potasse* pur est blanc, très-soluble dans l'eau, déliquescent, indécomposable par la chaleur seule.

On prépare le carbonate de potasse du commerce, vulgairement nommé *potasse* ou *alcali végétal*, en lessivant les cendres de bois, puis évaporant la solution : on obtient ainsi un solide de couleur assez foncée et qu'on appelle *salin*. En calcinant le salin, la matière organique qu'il contient est brûlée et il devient blanc : on l'appelle alors *potasse perlasse;* cette potasse est très-employée. On peut la purifier de la plupart des sels étrangers qu'elle contient encore en la dissolvant dans deux fois son poids d'eau, filtrant la liqueur pour séparer les sels étrangers qui ne sont. pas dissous, puis évaporant de nouveau. Les potasses du commerce sont appelées *potasse d'Amérique, de Russie, etc.*, suivant le pays qui les a produites.

On obtient dans les laboratoires du carbonate de potasse très-pur, mais qui revient à un prix plus élevé, en décomposant par la chaleur un mélange de tartrate acide de potasse (crème de tartre) et d'azotate de potasse (salpêtre). L'acide azotique se décompose et s'évapore, le mélange de carbonate et de charbon qui reste est dissous pour séparer le charbon du sel, et la liqueur filtrée et évaporée donne le carbonate pur pour résidu.

**Usages.** — Le carbonate de potasse pur n'est employé qu'à préparer la potasse à la chaux ou à l'alcool. La potasse du commerce au contraire a des usages très-nombreux. Elle sert à la fabrication du savon noir, du cristal et du verre, du salpêtre, de l'alun, de l'eau seconde des peintres ; elle rend potables les eaux séléniteuses, blanchit le linge et dégraisse les laines. Elle ne possède ces propriétés que parce qu'elle est à l'état de sous-carbonate, dans lequel la base est en excès.

**Carbonate de soude,** $NaO,CO_2 + 10HO = 143$.

**Propriétés.** — Le *carbonate de soude* du commerce est impur ; on l'appelle encore *alcali minéral*. Il est blanc, très-soluble dans l'eau, efflorescent, tandis que la potasse est déliquescente, et il peut donner de beaux cristaux.

Pendant longtemps on a préparé et l'on prépare encore dans certains pays le carbonate de soude du commerce en incinérant certaines plantes des côtes maritimes, notamment les varechs. Aujourd'hui on l'obtient artificiellement en traitant d'abord le sel marin (chlorure de sodium) par l'acide sulfurique étendu d'eau.

*Réaction :*
Chlorure de sodium.

Eau......................

Acide sulfurique......

$$Na................................$$
$$Cl.....$$
$$H......$$ $HCl.$ $NaO....$
$$O....................................$$
$$SO^3.....................................$$ $NaO,SO^3.$

Il se dégage du gaz chlorhydrique $HCl$ et il reste du sulfate de soude $NaO,SO^3$. On calcine le sulfate de soude mêlé avec du carbonate de chaux et du charbon.

$$2\,NaO,SO^3 + 3\,CaO,CO^2 + 9\,C = CaO, 2\,CaS + 10\,CO + 2\,NaO,CO^2.$$

Il se forme de l'oxysulfure de calcium, de l'oxyde de carbone et du carbonate de soude. L'oxyde se dégage, et on traite le résidu par l'eau pour en séparer l'oxysulfure insoluble, puis on obtient le carbonate par évaporation.

**Usages.** — La soude du commerce sert à la fabrication du savon dur, du verre ordinaire, de l'eau seconde ; elle sert encore pour les lessives, le lavage des laines, et pour dissoudre, dans les ateliers de teinture, plusieurs matières colorantes.

### Carbonate de chaux, $CaO,CO^2 = 50$.

**Propriétés.** — Le *carbonate de chaux* existe en trèsgrande quantité dans la nature ; il forme le *calcaire*, si commun dans l'écorce terrestre, la *pierre d chaux*, la *craie*, la substance minérale appelée *spath d'Islande*, les *marbres*, tantôt blancs quand ils sont purs, tantôt colorés par des sels étrangers, les *stalactites*, etc.

Quand on chauffe le carbonate de chaux, il perd son acide carbonique et devient chaux vive. Il est insoluble dans l'eau pure ; mais il est soluble dans l'eau chargée d'acide carbonique. Il est décomposé par tous les acides; ainsi le jus de citron même décompose le marbre par son acide citrique en formant du citrate de chaux.

**Usages.** — Les usages des calcaires, du marbre, de la craie et de la pierre à chaux sont connus. Les calcaires servent dans les constructions, les marbres dans l'ornementation et la sculpture, la craie à la fabrication des crayons blancs, la pierre à chaux à l'extraction de la chaux, si utile à l'industrie et à l'agriculture.

### Carbonate de magnésie $(MgO)^4, 3\,CO^2 + 2\,HO = 164$.

**Propriétés.** — Le *carbonate de magnésie*, appelé encore *magnésie blanche* ou *anglaise* en pharmacie, est une substance blanche, en gros morceaux ayant la forme de parallélipipèdes, très-légère, insoluble dans l'eau. Quand on le chauffe, il devient *oxyde de magnésium* ou *magnésie calcinée*.

On obtient le carbonate de magnésie en versant une solution de sulfate de magnésie dans une solution de carbonate de potasse : il se forme du sulfate de potasse soluble et du carbonate de magnésie insoluble formant une poudre blanche, que l'on recueille sur un filtre, puis que l'on fait sécher dans des moules, et il se dégage de l'acide carbonique.

**Usages.** — La magnésie blanche est employée en pharmacie pour imiter certaines eaux minérales; elle sert à la préparation de la magnésie calcinée, également usitée en médecine comme contre-poison ou comme purgatif.

### Carbonate de fer, $FeO, CO^2 = 50$.

**Propriétés.** — Le *carbonate de fer* est brun jaunâtre, insoluble dans l'eau, décomposable par la chaleur.

On l'obtient en mélant une solution de carbonate de potasse avec une solution de sulfate de fer.

*Réaction :*
Carbonate de potasse.
{ $CO_2$ ....................................
{ $KO$ .......
  $KO,SO_3$.
Sulfate de fer... ........
{ $SO_3$ ......
{ $FeO$ ....................................

$FeO,CO_2$.

Il se forme du sulfate de potasse soluble et du carbonate de fer insoluble. On filtre, puis on sèche le carbonate de fer.

**Usages.** — Le carbonate de fer est employé en médecine comme tonique; on le donne à l'intérieur, soit en poudre, soit en pastilles, contre la débilité de l'estomac ou l'appauvrissement du sang.

### Carbonate de plomb, $PbO,\bar{C}O_2 = 134$.

**Propriétés.** — Le *carbonate de plomb* est encore nommé *blanc de plomb, céruse, blanc d'argent*. Il est blanc, pulvérulent, insoluble dans l'eau; il noircit par l'influence des émanations sulfureuses, qui forment du sulfure de plomb. Quand on le chauffe il se change en *massicot*.

On obtient le carbonate de plomb en faisant dégager un courant de gaz acide carbonique dans une solution d'acétate de plomb. Il se forme du carbonate de plomb qui est insoluble et de l'acide acétique libre (vinaigre) qui reste en solution. Cet acide acétique rendu libre peut être combiné avec la litharge pour former une nouvelle quantité d'acétate de plomb.

**Usages.** — Le carbonate de plomb donne à la peinture la couleur blanche; mais il a l'inconvénient d'exercer une action délétère sur les entrailles des ouvriers, et de noircir, quand il est employé, par les émanations sulfureuses, ce que l'on évite avec l'oxyde de zinc ou *blanc* *de zinc.* On emploie encore le carbonate de plomb pétri avec l'huile de lin pour former le mastic des vitriers.

### Borates.

Les *borates* résultent de la combinaison de l'acide borique avec les bases.

Le seul borate employé est le *borate de soude.*

### Borate de soude, $NaO, 2 BO^3 + 10HO = 191.$

**Propriétés.** — Le *borate de soude,* encore nommé *borax,* est solide, blanc, cristallisé, soluble dans l'eau, et devient vitreux par la fusion.

On obtient le borax en combinant l'acide borique avec le carbonate de soude.

$$2 BO^3 + NaO,CO^2 = NAO,2 BO^3 + CO^2.$$

**Usages.** — Le borax est employé pour les soudures des métaux, parce qu'ils ne peuvent se souder qu'autant que leur surface n'est point oxydée; or le borax fondu dissout tous les oxydes. De plus, il entre dans la composition des glaces et forme l'émail de la porcelaine anglaise.

# CHAPITRE VIII.

**Silicates. — Verres, pierres précieuses artificielles. — Poteries, faïences, porcelaines. — Ciments, mortiers hydrauliques. — Sels ammoniacaux. — Sulfate, azotate, carbonate, chlorhydrate d'ammoniaque.**

## Silicates.

Les *silicates* sont formés par la combinaison d'une base avec l'acide silicique ou silice, qui se trouve libre de toute combinaison dans le cristal de roche, le quartz, le sable quartzeux, la pierre à fusil, la pierre meulière, etc.

Les principaux silicates sont : les *silicates de potasse, de soude, de chaux, d'alumine* et *de plomb*. Chacun d'eux n'a par lui-même aucun intérêt; mais en se combinant entre eux et avec quelques autres corps, ils forment les *verres*, les *poteries* et les *ciments*.

## Verres, pierres précieuses artificielles.

On appelle *verres* des combinaisons dans lesquelles la silice est unie à plusieurs bases généralement alcalines. La silice avec la potasse seule ou la soude donnerait un verre qui serait attaqué par l'eau et les acides; mais en combinant la silice tout à la fois avec l'une de ces bases et avec un autre oxyde métallique, tel que la chaux ou l'oxyde de plomb, on obtient des verres insolubles.

Pour fabriquer le verre, on soumet les matières bien mélangées à une première calcination appelée *fritte*, puis on les introduit dans un creuset placé au milieu d'un four, on élève la température jusqu'au rouge, et quand la matière liquide a été suffisamment affinée par l'enlèvement des matières étrangères qui se réunissent à la surface, on la laisse doucement refroidir jusqu'à la consistance pâteuse, et on en forme les divers objets que l'on veut obtenir.

On distingue le *verre incolore* ordinaire, le *cristal* et le *verre coloré*.

*Verre incolore.* Les verres incolores sont des silicates doubles de chaux et de potasse ou de chaux et de soude. Ils sont employés pour la fabrication des vitres, des glaces d'ornement et des divers objets de gobeleterie. Le plus beau est le *verre de Bohême*, parce qu'il n'y entre que des matières de premier choix. Le verre de soude est moins fusible, mais il a souvent une teinte verdâtre.

*Cristal.* Le cristal est un silicate double de potasse et d'oxyde de plomb. Parmi les différents genres de cristal, on distingue le *flint-glass* et le *crown-glass*, employés pour les instruments d'optique, et le *strass*, qui est la base de toutes les pierres précieuses artificielles.

*Verre coloré.* Le verre coloré commun est le verre à bouteilles, le moins riche de tous en silice; car l'oxygène de l'acide est seulement le double ou le triple de l'oxygène des bases. Les substances que l'on emploie n'ont pas besoin d'être pures et sont, par conséquent, de peu de valeur. Quand la matière est fondue, on en prend une quantité convenable au bout d'une canne creuse et on la souffle dans un moule conique en bronze. La coloration est due à un peu de fer ou de manganèse.

Si au contraire on veut avoir des verres colorés pour des vitraux, par exemple, on colore la pâte en fusion en y ajoutant différentes substances. On peut obtenir du verre bleu avec du deutoxyde de cuivre ou de l'oxyde de cobalt, du verre jaune avec du chromate de plomb ou de l'oxyde d'urane, du verre violet avec du bioxyde de manganèse, et différentes autres couleurs par l'addition d'autres substances.

*Émaux.* Les émaux, espèce de verre opaque ou transparent, incolore ou coloré, s'obtiennent, quand ils sont colorés, avec les mêmes substances; mais la dose en est généralement plus forte.

*Pierres précieuses artificielles.* Pour obtenir artificiellement les pierres précieuses, on colore le strass avec certains oxydes métalliques : 10 millièmes d'oxyde de fer donnent la topaze; 25 millièmes d'oxyde de manganèse, le rubis; 8 millièmes d'oxyde de cuivre et 2 dix-millièmes d'oxyde de chrome, l'émeraude; 15 millièmes d'oxyde de cobalt, le saphir; 8 millièmes d'oxyde de manganèse, 5 d'oxyde de cobalt et 2 dix-millièmes de pourpre de Cassius, l'améthyste; 7 millièmes de verre d'antimoine et 4 d'oxyde de cobalt, l'aigue-marine. Les pierres d'imitation sont moins dures que les pierres naturelles, et c'est l'unique différence entre elles.

En général on peut obtenir certaines couleurs par les acides ou les sels minéraux. Ainsi on a de beaux bleus par l'oxyde de cobalt; des verts par le protoxyde de cuivre ou le sesquioxyde de chrome; des bruns par le sesquioxyde de fer ou de manganèse; des jaunes par l'oxyde de titane, le sesquioxyde d'uranium, le chromate de plomb, le sesquioxyde de fer ou l'antimoniate de potasse; les rouges par l'oxydule de cuivre et le sesquioxyde de fer; les violets et les roses par le pourpre de Cassius, composé d'oxyde d'or et d'étain; les noirs enfin par l'oxydule d'uranium ou un mélange d'oxyde de cobalt et de manganèse.

### Poteries, faïences, porcelaines.

Les poteries, les faïences et les porcelaines sont fabriquées avec de l'argile, qui est une combinaison variable de silice et d'alumine, souvent mélangée d'oxydes de fer et de manganèse, de potasse, de soude ou de chaux. Mais comme la pâte, même après la cuisson, reste ordinairement poreuse, on la revêt d'une *couverte* vitrifiable, qui est un vernis à base de potasse très-riche en silice pour les porcelaines, de l'oxyde de plomb pour les faïences, du sel marin pour les poteries communes.

On distingue plusieurs sortes d'argile : le *kaolin* et l'*argile plastique*, silicates d'alumine presque purs, qui sont infusibles; l'*argile smectique*, l'*argile figuline* et la *marne*, qui peuvent renfermer certains oxydes métalliques et qui fondent à une température élevée.

*Poteries.* Sous le nom de poteries on peut ranger : 1° les vases de cuisine destinés à aller au feu, qui ne sont autre chose que de la faïence commune; 2° les briques, tuiles, fourneaux, pots à fleurs, etc., qui sont proprement des *terres cuites*, provenant d'argiles plus ou moins ferrugineuses, mais renfermant peu ou point de calcaire.

*Faïences.* La faïence se divise en faïence fine, dont la *terre de pipe* est une variété, et en faïence commune. On fait en faïence les assiettes, différents vases de ménage et des pièces d'ornement.

*Porcelaines.* La porcelaine a pour base le kaolin, sorte d'argile qui provient de la décomposition des roches granitiques. Quand la pâte a été faite et qu'elle est bien homogène, on la façonne sur le tour ou par le moulage. La couverte se fait avec la *pegmatite*, composée par parties égales de deux corps connus en minéralogie sous les noms de feldspath et de quartz. On l'applique sur la porcelaine après le *dégourdi* ou première cuisson incomplète, et elle fond et s'étale sur la pièce quand on la remet au four.

La porcelaine a les mêmes usages que la faïence; mais elle est plus travaillée, plus recherchée et par conséquent plus chère.

## Ciments, mortiers hydrauliques.

En éteignant de la chaux et en la mélangeant avec du sable on obtient un mortier qui sert à lier les diverses pierres de nos bâtiments. Il n'y a là qu'un phénomène d'adhésion, le mortier se solidifiant parce que la pierre absorbe son eau, et la chaux se carbonatant aux dépens de l'atmosphère.

Mais si l'on calcine un calcaire qui renferme 30 à 40 pour 100 d'argile, on obtient un ciment qui durcit sous l'eau. Si l'on mêle à de la chaux grasse de la poudre de brique, ou de tuile, ou de poterie commune, ou bien de l'argile calcinée, on aura un mortier qui jouira de la même propriété. Dans le premier cas, c'est un ciment; dans le second, un mortier hydraulique. La chaux et l'argile se combinent de manière à former un silicate de chaux complétement insoluble.

Les mortiers et les ciments servent à lier ensemble les pierres de nos différentes constructions sur la terre ou sous l'eau. Le *béton* est un mélange de cailloux ou de briques concassées avec un mortier hydraulique.

## Sels ammoniacaux.

Les *sels ammoniacaux* sont formés d'un acide et de l'ammoniaque servant de base. Ce sont des composés quaternaires, à moins que l'acide ne soit un composé d'azote, ou bien l'acide chlorhydrique; dans le premier cas, l'acide et la base ont l'azote pour élément commun, et dans le second cas, l'hydrogène.

Les principaux sels ammoniacaux sont : le *sulfate*, l'*azotate*, le *carbonate* et le *chlorhydrate d'ammoniaque*.

## Sulfate d'ammoniaque, AzH$^4$HO,SO$^3$=66.

**Propriétés.** — Le *sulfate d'ammoniaque* est blanc, cristallisé, soluble dans l'eau et décomposable par la chaleur.

La fabrication du gaz de l'éclairage, les résidus des vidanges, la distillation des matières animales donnent des eaux ammoniacales avec lesquelles on prépare le sulfate en les traitant par l'acide sulfurique étendu ou par le sulfate de chaux.

**Usages.** — Le principal usage de ce sel est de donner à l'agriculture une source abondante d'azote.

## Azotate d'ammoniaque, AzH$^4$HO,AzO$^5$=80.

**Propriétés.** — L'*azotate d'ammoniaque* est blanc, cristallisé, d'une saveur fraîche et piquante, déliquescent, soluble dans l'eau, fusant sur les charbons ardents et brûlant avec une flamme rougeâtre.

Les eaux pluviales, surtout après un orage, contiennent de l'azotate d'ammoniaque. On l'obtient ordinairement en versant dans une dissolution de carbonate d'ammoniaque un léger excès d'acide azotique.

**Usages.** — L'azotate d'ammoniaque sert à la préparation du papier chimique pour la télégraphie, à la congélation des glaces et sorbets comme sel réfrigérant, et, selon des travaux récents, à la nutrition des végétaux.

## Carbonate d'ammoniaque, (AzH$^4$HO)$^2$HO,3CO$^2$ + 2HO = 145.

**Propriétés.** — Il existe plusieurs combinaisons d'acide carbonique et d'ammoniaque. La plus employée est le *sesquicarbonate d'ammoniaque*, connu sous le nom de *sel volatil d'Angleterre*. Ce sel est blanc, soluble dans l'eau, et a une odeur forte d'ammoniaque.

9.

On l'obtient en distillant les matières animales (cornes, etc.), ou encore en chauffant un mélange de deux parties de chlorhydrate d'ammoniaque et d'une partie de carbonate de chaux.

**Usages.** — Le carbonate d'ammoniaque sert de stimulant en médecine; on le fait respirer aux personnes qui tombent en syncope.

### Chlorhydrate d'ammoniaque, $AzH^3,HCl = 53$.

**Propriétés.** — Le *chlorhydrate d'ammoniaque* ou *sel ammoniac* est solide, blanc, ayant assez l'aspect du camphre, mais sans odeur; il est soluble dans l'eau.

On obtient le sel ammoniac par la purification du gaz de l'éclairage. Ce gaz contenant une quantité assez considérable de carbonate d'ammoniaque, on le fait passer à travers de l'eau qui retient le sel en dissolution, puis on filtre ces eaux sur du plâtre, qui est du sulfate de chaux.

*Réaction :*

$$
\begin{array}{l}
\text{Carbonate d'ammoniaque.} \left\{ \begin{array}{l} AzH^3\dots\dots \\ CO^2\dots\dots \end{array} \right. \\[1em]
\text{Sulfate de chaux}\dots\dots \left\{ \begin{array}{l} CaO\dots\dots \\ SO^3\dots\dots \end{array} \right.
\end{array}
\quad
\begin{array}{l} CaO,CO^2 \\[2em] \end{array}
\quad AzH^3,SO^3.
$$

L'acide carbonique forme avec la chaux du carbonate de chaux insoluble qui reste sur le filtre; l'acide sulfurique forme avec l'ammoniaque du sulfate d'ammoniaque soluble qui reste dans la liqueur. En évaporant le liquide, on obtient du sulfate d'ammoniaque impur.

On calcine ensuite le sulfate d'ammoniaque mêlé avec du chlorure de sodium.

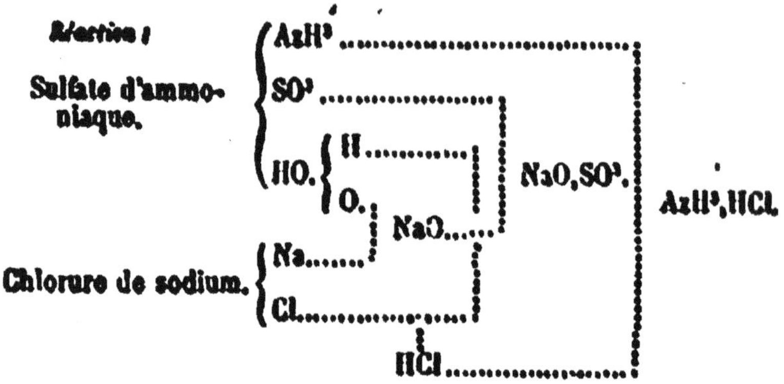

*Réaction :*

Sulfate d'ammo-
niaque.
$\left\{\begin{array}{l}\text{AzH}^3 \\ \text{SO}^3 \\ \text{HO.}\left\{\begin{array}{l}\text{H} \\ \text{O.}\end{array}\right.\end{array}\right.$

NaO......

NaO,SO$^3$.

AzH$^3$,HCl.

Chlorure de sodium. $\left\{\begin{array}{l}\text{Na} \\ \text{Cl}\end{array}\right.$

HCl

Le sulfate d'ammoniaque retient une petite quantité d'eau qui se décompose, l'oxygène se combine avec le sodium et forme la soude NaO, la soude se combine avec l'acide sulfurique SO$^3$, et forme le sulfate de soude NaO,SO$^3$ qui reste dans la cornue ; l'hydrogène de l'eau se combine avec le chlore et forme de l'acide chlorhydrique HCl, qui se combine avec l'ammoniaque et forme du chlorhydrate d'ammoniaque AzH$^3$,HCl, dont les vapeurs vont se condenser à la partie supérieure de l'appareil.

Une seconde méthode consiste à traiter directement par l'acide chlorhydrique les eaux contenant du carbonate d'ammoniaque. L'acide chlorhydrique se combine avec l'ammoniaque et forme du chlorhydrate d'ammoniaque, l'acide carbonique se dégage.

**Usages.** — Le sel ammoniac est employé à la préparation de l'ammoniaque et des sels qui en sont formés. On s'en sert encore pour décaper les métaux, c'est-à-dire pour enlever les oxydes développés à leur surface.

# CHIMIE ORGANIQUE.

La chimie organique a pour but l'étude de tout composé que l'on peut retirer des corps organisés, c'est-à-dire des substances végétales et des substances animales.

Les éléments des substances végétales sont l'oxygène, l'hydrogène, le carbone et quelquefois l'azote ; les substances animales présentent les mêmes éléments, mais presque toujours l'azote. Ces corps simples, pris tantôt deux à deux, tantôt trois à trois, ou tous ensemble, se combinent, pour constituer les composés des substances organiques, avec une plus ou moins grande proportion de phosphore, de soufre, d'iode et de quelques oxydes métalliques.

Les composés que l'on retire des matières organiques sont *acides*, *basiques* ou *neutres*. Les composés basiques sont appelés *alcalis végétaux*.

## CHAPITRE PREMIER.

Composés acides. — Acides acétique, oxalique, tartrique, citrique, gallique, phénique, picrique — Matières grasses. — Acides gras. Savons.

### Composés acides.

Les *composés acides* se combinent avec les bases minérales et avec les bases organiques pour former des sels.

Ces acides sont généralement formés de carbone, d'hydrogène et d'oxygène en proportions très-variables. Presque tous sont solides et cristallisables, quelques-uns restent liquides, tous sont incolores. Ils sont les uns solubles, les autres insolubles dans l'eau.

Les acides organiques les plus employés sont : 1° l'acide acétique, l'acide oxalique, l'acide tartrique, l'acide citrique, l'acide gallique, l'acide phénique et l'acide picrique, qu'on retire des végétaux ; 2° les *acides gras*, que l'on extrait des matières grasses, végétales ou animales.

### Acide acétique, $C^4H^3O^3,HO = C0.$

**Propriétés.** — *L'acide acétique* est formé de carbone, d'hydrogène et d'oxygène ; mais dans son maximum de concentration, il renferme encore 1 équivalent d'eau. Il est solide, blanc, d'une odeur franchement acide ; il fond à 17° et forme un liquide incolore qui fume, s'évapore dans le vide et bout à 120°. Cet acide est soluble en toute proportion dans l'eau et dans l'alcool ; il dissout à froid la gélatine, la fibrine, l'albumine, les résines, le camphre, etc.

L'acide acétique concentré est un caustique énergique ; mis sur la peau, il produit des ampoules. Si on l'étend au contraire de beaucoup d'eau, il a une odeur et une saveur agréables : il forme alors le *vinaigre* qui est journellement employé sur nos tables[1].

**Préparation.** — On obtient l'acide acétique par plusieurs procédés : le premier donne l'acide concentré, les autres donnent l'acide acétique industriel, autrement dit le vinaigre.

1° Si l'on veut obtenir dans les laboratoires de l'acide acétique concentré, nommé *vinaigre radical*, on distille de l'acétate de cuivre, qui est formé d'acide acétique et d'oxyde de cuivre : le sel se décompose par la chaleur, et l'on a par condensation l'acide qui s'est vaporisé.

2° On obtient le vinaigre ordinaire en laissant dans de vieux tonneaux, posés sur une de leurs bases, une certaine quantité de vinaigre ; on ajoute tous les huit

---

1. Ce mot de *vinaigre* vient de ce que le vin, au contact de l'air, devient aigre (*vin aigre* ou *vinaigre*), l'alcool ou esprit-de-vin se changeant en acide acétique.

jours dix litres de vin, qui se change en vinaigre; mais chaque fût ne donne ainsi par mois qu'environ quarante litres. Le procédé est fondé sur la transformation de l'alcool en acide acétique au contact de l'air et en présence de ferments[1]. L'alcool $C^4H^6O^2$ perd 2 équivalents d'hydrogène, qui, avec 2 équivalents d'oxygène de l'air, forment 2 équivalents d'eau; en même temps l'alcool remplace les 2 équivalents d'hydrogène qu'il a perdus par 2 équivalents d'oxygène, et forme $C^4H^3O^4$ ou $C^4H^3O^3,HO$, composé qui est de l'acide acétique. Les vieux tonneaux servent eux-mêmes de ferments. Au besoin on pourrait ajouter quelques copeaux de hêtre, parce que le hêtre contient une matière azotée qui suffit également à changer l'alcool en vinaigre.

Toute autre liqueur alcoolique, ou toute matière susceptible de produire de l'alcool peut être employée au même usage. On obtiendra donc du vinaigre avec les eaux-de-vie, la bière, le cidre, parce que ce sont des liqueurs alcooliques. Le sucre en donnera également, parce qu'il se change en alcool par la fermentation. Il en sera de même de l'amidon et de la fécule qui, par une série de manipulations, peuvent se transformer en alcool.

3° On extrait de grandes quantités d'acide acétique des produits liquides obtenus par la distillation du bois. Si l'on distille ces produits, on obtient une liqueur acide nommée *acide pyroligneux*, que l'on sature par de la craie (carbonate de chaux) : l'acide acétique contenu dans l'acide pyroligneux se combine avec la chaux et forme de l'acétate de chaux soluble; l'acide carbonique se dégage. Pour débarrasser l'acétate des matières goudronneuses qu'il contient, on le fait bouillir avec du sulfate de soude ; l'acide sulfurique forme avec la chaux du sulfate de chaux qui se précipite, et l'acide acétique forme avec la soude de l'acétate de soude qui reste en dissolution; on filtre et on évapore pour que l'acétate de

1. Voyez page 221.

soude cristallise. Après avoir chauffé les cristaux assez fortement afin de décomposer les matières goudronneuses, on.dissout de nouveau l'acétate de soude, et on ajoute de l'acide sulfurique qui forme avec la soude du sulfate de soude soluble, et l'acide acétique reste libre dans la liqueur, d'où on le retire par distillation.

4° Un procédé récemment proposé par M. Pasteur, et qui donnerait par jour sur 50 à 100 litres de liquide 5 à 6 litres de vinaigre, consiste à mettre de ce que les fabricants appellent *fleur de vinaigre* dans de l'eau contenant 2 pour 100 de son volume d'alcool, 1 pour 100 d'acide acétique et des traces de phosphates alcalins et terreux. On ajoute chaque jour de l'alcool, du vin et de la bière. Sous l'influence de la fleur de vinaigre, l'oxygène de l'air se fixe sur l'alcool et l'acétifie.

**Usages.** — L'acide acétique concentré n'est lui-même d'aucun usage; mais le *vinaigre* est journellement employé comme assaisonnement. De plus, on en fabrique une foule de vinaigres de toilette ou médicinaux, tels que le vinaigre rafraîchissant, le vinaigre thériacal, etc.

Pour reconnaître si le vinaigre ordinaire a été falsifié, on le fait bouillir pendant une demi-heure avec de l'amidon, puis on laisse refroidir, et on ajoute de l'iode: si le vinaigre ne contient aucun acide étranger, sulfurique, azotique, chlorhydrique, etc., l'amidon devient bleu; dans le cas contraire, la coloration bleue ne se remarque pas, parce que les acides étrangers ont opéré le changement de l'amidon en une autre matière qui n'a pas d'action sur l'iode.

L'acide acétique sert à la préparation de nombreux acétates, parmi lesquels on distingue l'acétate de plomb ou sel de Saturne, avec lequel on fabrique la céruse, et le sous-acétate de plomb, que la médecine emploie plus ou moins étendu d'eau sous les noms d'*eau blanche*, d'*eau de Goulard*, d'*extrait de Saturne*, pour laver les plaies, en prévenir l'inflammation et les cicatriser.

## Acide oxalique, $2(C^2HO^4+2HO) = 126$.

**Propriétés.** — *L'acide oxalique* est solide, blanc, transparent, cristallisé en prismes, d'une saveur aigre et piquante; c'est un poison à la dose de 15 grammes. Il est soluble dans l'eau et dans l'alcool. Il fond à 100° et se décompose à une température plus élevée. Il retient ordinairement 4 équivalents d'eau; mais il en perd 3 par la chaleur, et si on lui enlève le dernier, il se décompose en acide carbonique et en oxyde de carbone. On a vu que pour obtenir l'oxyde de carbone, il faut chauffer un mélange d'acide oxalique et d'acide sulfurique.

**Préparation.** — On obtient l'acide oxalique par deux procédés différents :

1° On fait bouillir une partie d'amidon avec 8 parties d'acide azotique étendu d'eau, on filtre et on évapore la liqueur; on obtient ainsi des cristaux d'acide oxalique.

2° On pile l'oseille pour en extraire le suc, qui donne, par l'évaporation, des cristaux de bioxalate de potasse ou *sel d'oseille*. On dissout dans l'eau le bioxalate de potasse, et on y ajoute de la potasse pour obtenir de l'oxalate neutre de potasse, puis on précipite l'oxalate neutre de potasse par l'acétate de plomb : l'acide acétique forme avec la potasse de l'acétate de potasse soluble, et l'acide oxalique forme avec l'oxyde de plomb de l'oxalate de plomb insoluble. On décompose ensuite l'oxalate de plomb par l'acide sulfurique, qui forme avec l'oxyde de plomb du sulfate de plomb insoluble, et l'acide oxalique reste en dissolution; on filtre, puis on évapore, et l'acide oxalique cristallise.

**Usages.** — L'acide oxalique sert en teinture pour aviver certaines couleurs. On l'emploie encore seul, ou combiné avec la potasse à l'état d'oxalate de potasse, pour enlever les taches d'encre et de rouille et nettoyer le cuivre, parce que les oxalates de fer et de cuivre sont solubles.

**Acide tartrique, $C^8H^4O^{12}=150$.**

**Propriétés.** — *L'acide tartrique* est solide, blanc, cristallisé en prismes; il a une saveur acide et agréable; il est soluble dans l'eau et dans l'alcool. Depuis 180° il se décompose en divers produits suivant la température.

**Préparation.** — On obtient l'acide tartrique en décomposant la crème de tartre ou bitartrate de potasse par du carbonate de chaux : il se forme du tartrate de chaux insoluble, du tartrate neutre de potasse, et l'acide carbonique se dégage. On ajoute du chlorure de calcium pour précipiter le tartrate neutre de potasse : le chlore forme avec le potassium du chlorure de potassium soluble; le calcium forme avec l'oxygène de la chaux, qui, avec l'acide tartrique, forme du tartrate de chaux insoluble. On fait bouillir ensuite le tartrate de chaux avec de l'acide sulfurique étendu d'eau, qui se combine avec la chaux et forme un précipité de sulfate de chaux; l'acide tartrique libre restant en dissolution, on filtre, puis on concentre pour le faire cristalliser.

**Usages.** — On emploie l'acide tartrique pour faire de l'*eau de Selts* artificielle par la décomposition du bicarbonate de soude (voyez p. 105).

La crème de tartre ou bitartrate de potasse, que l'on retire des dépôts laissés par le vin dans les tonneaux, étant combinée avec l'oxyde d'antimoine, forme le tartrate double de potasse et d'antimoine, employé en médecine, comme vomitif, sous le nom d'*émétique*.

**Acide citrique, $C^{12}H^5O^{14},2HO = 210$.**

**Propriétés.** — *L'acide citrique* est solide, blanc, cristallisé en prismes, d'une saveur acide agréable, très-soluble dans l'eau et dans l'alcool. La dissolution d'acide citrique dans l'eau s'altère au contact de l'air; elle se couvre de moisissure.

**Préparation.** — On retire l'acide citrique du jus de citron clarifié que l'on traite par la craie ou carbonate de chaux : l'acide carbonique se dégage, et il se forme du citrate de chaux. On purifie le citrate de chaux, puis on le décompose par l'acide sulfurique, qui forme avec la chaux un précipité de sulfate de chaux et l'acide citrique reste en dissolution; on filtre la liqueur, puis on la concentre et l'acide citrique cristallise.

**Usages.** — L'acide citrique sert, dans la teinture, à donner le rouge de carthame et de beaux écarlates, et à enlever les taches de rouille; mais son principal usage consiste à former la limonade, boisson souvent ordonnée par la médecine, que l'on prépare ordinairement en exprimant dans l'eau du jus de citron, et pour laquelle on peut aussi employer l'acide à raison de 2 grammes par litre d'eau. En mélangeant 500 grammes de sucre avec 16 grammes d'acide, on a une limonade sèche que l'on peut emporter pour s'en servir en voyage sans craindre qu'elle se décompose.

L'acide citrique forme avec la magnésie un citrate de magnésie très-employé en médecine comme purgatif; ce sel a l'avantage de n'être pas amer comme les autres sels purgatifs de soude et de magnésie, parce que le goût d'acide citrique domine.

### Acide gallique, $C^{14}H^{4}O^{14} + 2HO = 188$.

**Propriétés.** — *L'acide gallique* est incolore, cristallise en petites aiguilles soyeuses, se dissout dans l'eau, surtout à chaud, et est pareillement très-soluble dans l'alcool.

**Préparation.** — L'acide gallique s'extrait de la noix de galle. On la pulvérise, on l'humecte et on l'abandonne à elle-même à une température de 25 degrés : il se forme avec le temps de petits cristaux blanchâtres ; on laisse sécher la masse, puis on la traite par l'alcool bouillant : l'acide s'y dissout et cristallise par le refroidissement.

**Usages.** — L'acide gallique est employé en médecine. Avec les sels de fer qu'il précipite, il donne un bleu noir qui sert dans la teinture en noir et en gris. L'encre est en partie composée de gallate de fer. Sous l'influence du rayon solaire, l'acide gallique réduit l'azotate d'argent et le perchlorure d'or, ce qui le fait employer dans la préparation des papiers photographiques.

### Acide phénique, $C^{12}H^4O^2=94$.

**Propriétés.** — L'*acide phénique* ou *phénol* est une huile dense et incolore, volatile, d'une odeur pénétrante, peu soluble dans l'eau, très-soluble dans l'alcool, qui cristallise en longues aiguilles, qui tache le papier comme un corps gras et qui préserve les matières animales de la putréfaction.

**Préparation.** — En traitant par la potasse caustique les huiles de goudron qu'on a fait distiller entre 160° et 190° on obtient une masse cristalline après décantation. Si on la dissout dans l'eau, il se forme deux couches liquides, l'une huileuse et légère, l'autre plus dense et aqueuse : en traitant celle-ci par l'acide chlorhydrique, on obtient l'acide phénique.

**Usages.** — L'acide phénique est heureusement employé depuis quelques années, soit comme caustique, soit pour le pansement des plaies, mais surtout comme un désinfectant énergique.

### Acide picrique, $C^{12}H^2(AzO^4)^3O^2=229$.

**Propriétés.** — L'*acide picrique* ou *carbazotique* est une substance solide, d'un beau jaune d'or, cristallisant en lamettes brillantes, d'une saveur amère, peu soluble dans l'eau, beaucoup plus soluble dans l'alcool et dans l'éther, volatile à 150° et détonant fortement à 315°.

**Préparation.** — On prépare l'acide picrique en traitant l'acide phénique par l'acide azotique; il se dégage de l'acide carbonique et du bioxyde d'azote, et l'on fait évaporer la masse jusqu'à consistance sirupeuse. En dissolvant la pâte dans l'ammoniaque et la traitant par l'acide chlorhydrique, il se forme un dépôt d'acide picrique, que l'on purifie par plusieurs cristallisations dans l'eau bouillante.

**Usages.** — L'acide picrique avec les bases forme des sels d'un beau jaune d'or. Il a été employé d'abord dans la teinture. Le picrate de potasse est fabriqué comme poudre fulminante. Il détone à l'approche d'un corps en ignition et quelquefois sous la seule influence d'une atmosphère chargée d'ozone, ce qui le rend dangereux dans sa conservation et son emploi.

### Matières grasses.

Les *matières grasses*, qui proviennent du règne animal, végétal ou minéral, sont des substances de consistance variable, fondant, quand elles sont solides, à une température peu élevée, inflammables, insolubles dans l'eau, mais solubles dans l'alcool.

Les principales matières grasses sont : la *graisse* proprement dite, le *suif*, les *beurres*, les *huiles* et la *cire*. Parmi les matières grasses et les huiles, nous mentionnerons particulièrement le *pétrole*, de triste souvenir, liquide tantôt de formation houillière, tantôt dû à la fermentation lente des débris de plantes et d'animaux paléontologiques. Il devient, malgré son odeur, de plus en plus employé dans l'éclairage. Sa facilité à s'enflammer et la difficulté qu'on a à l'éteindre le rendent très-dangereux et exigent qu'on ne s'en serve qu'avec de grandes précautions.

**Graisse.** — La *graisse* est une substance solide et blanche, qui se trouve dans les tissus des animaux, notamment sous la peau, à la surface des muscles, autour des reins, à la base du cœur et auprès des intestins. Abandonnée à l'air, elle rancit et fermente sous l'influence des tissus. Elle fond à une température peu élevée, et donne, par la distillation, de l'hydrogène carboné, de l'oxyde de carbone, les acides margarique et oléique et une huile volatile odorante; elle se décompose tout à fait à la chaleur rouge. La graisse a pour éléments beaucoup de carbone et d'hydrogène et quelques atomes seulement d'oxygène.

Les graisses sont utilisées pour la cuisine, pour faire différentes pommades dans la parfumerie et la médecine, et pour adoucir et diminuer le frottement des roues et des engrenages.

**Suif : chandelles, bougies stéariques.** — On appelle *suif* la graisse des herbivores ruminants débarrassée par la fusion des cellules qui la contiennent. On aide quelquefois l'opération par une petite quantité d'acide sulfurique ou par les alcalis.

Le suif sert principalement à faire des chandelles; mais si l'on extrait du suif les acides qu'il contient en les combinant avec une base telle que la chaux, puis en les dégageant de leur combinaison au moyen de l'acide sulfurique, on fabrique avec ces acides les bougies dites *stéariques*, qui ne le cèdent en rien aux bougies de cire.

**Beurres.** — Le *beurre* est un corps gras, très-complexe, que l'on retire ordinairement du lait ou plutôt de la crème fortement battue. Le règne végétal donne les beurres de coco, de muscade et de cacao, dont la composition se rapproche plus ou moins du beurre ordinaire.

Le beurre ordinaire est un aliment; les autres beurres servent à fabriquer des bougies ou entrent dans quelques préparations médicales.

**Huiles.** —**Les *huiles*** sont des liquides gras, onctueux et inflammables, composés pour les trois quarts environ de carbone, pour le reste d'oxygène et d'hydrogène en proportion à peu près égale avec quelques traces d'azote. On peut les regarder en général comme un mélange de deux principes gras, l'un qui est liquide, l'*oléine*; l'autre solide, la *margarine*, qui se dissout dans le premier.

Les huiles sont généralement données par les végétaux. On les divise en *huiles siccatives*, qui durcissent à l'air, et *huiles grasses* proprement dites.

Les principales huiles grasses sont les huiles d'*olive*, d'*amandes*, de *navette*, de *colsa*, de *faîne*, etc.; les huiles siccatives sont celles de *noix*, d'*œillette*, de *lin*, de *ricin*, de *chènevis*, etc. L'huile d'œillette s'extrait de la graine de certains pavots; l'huile de faîne de l'amande du hêtre; les autres huiles portent le nom de la plante ou du fruit d'où on les tire par pression.

On doit au règne animal l'huile de *foie de morue*, que l'on exprime des foies de morue putréfiés à l'air dans des cuves, et l'huile de *baleine*, que l'on obtient en faisant bouillir dans l'eau le lard de la baleine; au règne minéral, l'huile de *schiste*, produite par la distillation des schistes bitumineux; le *pétrole*, qui coule naturellement en divers pays, mais surtout en Amérique, de sources abondantes, et le *naphte*, que l'on obtient par la distillation du pétrole.

Les huiles d'olive, d'œillette, de noix, de faîne sont alimentaires; les huiles de colza, de noix, de navette, de baleine, et les huiles minérales, servent à l'éclairage; les huiles de lin, de noix, d'œillette sont employées dans la peinture; les huiles d'amande, de ricin, de foie de morue, dans la médecine; l'huile de noisette, dans la parfumerie.

**Cires.** —**Les *cires*** sont des matières grasses, dures, cassantes, insolubles dans l'eau, solubles dans les huiles et les graisses. Elles donnent par la distillation des carbures d'hydrogène gazeux, liquides et solides. Leur composition, variable suivant l'espèce, est d'environ 73 à 84 pour 100 de carbone, de 12 d'hydrogène et de 15 à 4 d'oxygène.

La cire la plus anciennement connue est celle que sécrètent les abeilles pour les alvéoles des ruches où elles renferment leur miel. On en extrait aussi de plusieurs arbres, tels que le cirier, le palmier des Andes, etc., ou même de certaines matières minérales. Le spermacéti ou blanc de baleine, qui remplit les cavités si vastes de la tête du cachalot, est une espèce de cire.

La cire est particulièrement utile pour l'éclairage sous forme de bougies; mais le pharmacien en fait usage pour préparer le cérat, les onguents et les emplâtres, le modeleur pour façonner ses divers modèles, l'anatomiste pour étudier le corps humain sur des pièces artificielles.

### Acides gras. Savons.

Les matières grasses se transforment par la présence des bases en *acides gras* et en un principe neutre liquide, nommé *glycérine*, qui est jusqu'à présent sans usage.

Les acides gras sont : l'*acide oléique*, l'*acide stéarique* et l'*acide margarique*, que l'on extrait des matières grasses; ils se combinent à leur tour avec les bases de toute espèce et forment des sels oléate, stéarate, margarate, qu'on nomme *savons*.

**Savons.** — Il n'y a que les savons à base de potasse, de soude et d'ammoniaque, qui soient solubles; ceux de potasse et de soude sont seuls employés : quelquefois on y ajoute de la résine. Les savons durs sont à base de soude, et les savons mous à base de potasse. Si l'on veut avoir des savons blancs marbrés, il suffit de mêler au savon en fusion un sel de fer; mais l'opération ne réussit qu'autant que le liquide ne contient pas un excès d'alcali.

**Préparation des savons.** — Après avoir fait une pâte avec de la chaux éteinte et de la soude ou de la potasse du commerce, on y verse de l'eau qui se charge d'alcali pur et que l'on soutire : c'est la *lessive caustique* ; il reste dans le cuvier du carbonate de chaux. On procède ensuite à la saponification en faisant bouillir l'huile ou la graisse avec la lessive; on y ajoute du sel marin qui s'empare de l'eau sans entrer dans la pâte, et que l'on soutire dissous par un tuyau placé au fond de la chaudière. Pour les savons de résine, on ajoute à la pâte de savon de suif 50 à 60 pour 100 de belle résine en fragments.

**Usages.** — Les savons à base de potasse et de soude sont généralement employés pour le blanchissage des tissus, parce que l'alcali qu'ils contiennent fait dissoudre dans l'eau les matières grasses et enlève toutes les impuretés. Les savons de résine étant très-solubles et produisant beaucoup de mousse sont aussi d'un grand usage. Avec les huiles d'amandes, de noisettes, de palme, etc., on obtient les savons de toilette, que l'on aromatise au moyen des huiles essentielles. Quelques savons insolubles sont usités en médecine, principalement les savons à base de plomb, de cuivre et de mercure.

---

# CHAPITRE II.

Composés basiques ou alcalis végétaux. — Quinine. — Sulfate de quinine. — Morphine. — Strychnine. — Nicotine.

### Composés basiques ou alcalis végétaux.

Les *composés basiques* ou *alcalis végétaux* sont des produits extraits des matières végétales, qui peuvent se combiner comme bases avec les acides minéraux ou végétaux et former des sels.

Les alcalis végétaux, appelés encore *bases végétales*, *alcaloïdes* ou *alcalis organiques*, tous d'origine végétale, sont composés de carbone, d'hydrogène, d'azote et ordinairement d'oxygène. Ils sont en général inodores, insolubles dans l'eau, mais solubles dans l'alcool et dans l'éther; ils ont, la plupart, une cristallisation régulière; la chaleur les décompose, et l'azote se combinant avec l'hydrogène, il se dégage de l'ammoniaque. Ils ont une saveur amère ou âcre, et quelques-uns sont des poisons extrêmement violents.

Les alcalis végétaux se combinent avec les acides minéraux et organiques pour former des sels, et ce n'est même qu'à l'état salin qu'on les trouve dans l'économie végétale, quand ils y sont tout formés et qu'ils ne sont pas, ce qui a lieu pour quelques-uns, le produit de réactions chimiques. Ces alcalis sont précipités par les alcalis minéraux; mais à leur tour ils chassent de leurs compositions salines presque tous les autres oxydes.

Les principaux alcalis végétaux sont : la *quinine*, extraite du quinquina jaune; la *morphine* et la *narcotine*, de l'opium ; la *strychnine* et la *brucine*, de la noix vomique ; la *vératrine*, de l'hellébore; la *caféine*, du café; la *pipérine*, du poivre; la *nicotine*, du tabac, etc. ; c'est à leur présence que ces différentes plantes doivent leurs propriétés. Deux de ces alcalis sont principalement employés   la *quinine* et la *morphine ;* on peut y ajouter la *strychnine* et la *nicotine*.

### Quinine, $C^{40}H^{24}Az^{2}O^{4} = 324$.

**Propriétés.** — La *quinine* est une substance blanche, amorphe ou cristallisée, inodore, d'une saveur très-amère ; elle est volatilisable, peu soluble dans l'eau, très-soluble dans l'alcool et dans l'éther; elle se combine directement avec les acides et forme des sels.

**Préparation.** — La quinine existe dans l'écorce de plusieurs quinquinas, arbres d'Amérique, et elle en forme le principe actif. On obtient la quinine en dissolvant dans l'eau le sulfate de quinine et en y ajoutant de l'ammoniaque qui se combine avec l'acide sulfurique et forme une dissolution de sulfate d'ammoniaque ; la quinine se précipite.

**Usages.**—La quinine fait toute la valeur du quinquina, remède précieux pour couper les fièvres intermittentes et pour arrêter les progrès de la gangrène. Cet alcali seul est peu employé en médecine : on lui préfère le sulfate de quinine qui est plus soluble et beaucoup plus actif.

**Sulfate de quinine,** $C^{40}H^{21}Az^2O^4+HO,SO^3+7HO=436.$

**Propriétés.** — Le *sulfate de quinine* cristallise en aiguilles blanches, soyeuses et flexibles ; il est peu soluble à froid et s'effleurit facilement.

**Préparation.** — On obtient le sulfate de quinine en faisant bouillir le quinquina pulvérisé délayé dans de l'eau à laquelle on ajoute de l'acide chlorhydrique ; la liqueur contient après l'ébullition du chlorhydrate de quinine. On ajoute de la chaux : l'hydrogène de l'acide et l'oxygène de la chaux forment de l'eau ; le chlore et le calcium forment du chlorure de calcium, et la quinine se précipite. On traite le précipité par l'alcool bouillant qui ne dissout que la quinine et laisse l'excès de chaux ; on filtre et on évapore. Pendant l'évaporation, on ajoute de l'acide sulfurique, et bientôt le sulfate de quinine cristallise.

**Usages.** — Le sulfate de quinine est employé en médecine contre les fièvres intermittentes, et dans certaines pommades pour prévenir la chute des cheveux.

**Morphine,** $C^{35}H^{19}Az O^6+2HO=303.$

**Propriétés.** — La *morphine* est un des principes actifs de l'opium ; c'est une substance blanche, cristallisée, très-amère, à peine soluble dans l'eau et dans l'éther, se dissolvant facilement dans l'alcool, la potasse, la soude et l'ammoniaque. La morphine est un poison, même à dose faible ; elle se combine facilement avec les acides et forme des sels qui sont encore plus énergiques que la morphine seule.

**Préparation.** — Quand on fait des incisions aux têtes de pavots, il s'en écoule un suc qui s'épaissit à l'air et forme l'opium ; or l'opium contient un grand nombre de substances parmi lesquelles se trouve la morphine.

Pour dégager l'alcaloïde des corps avec lesquels il est mêlé ou combiné, on fait macérer l'opium dans l'eau, puis on évapore la liqueur en y ajoutant un peu de craie, et lorsque le liquide devient sirupeux, on y ajoute du chlorure de calcium ; il se forme avec l'*acide méconique*, qui se trouve aussi dans l'opium, un précipité de méconate de chaux, et il reste en dissolution du chlorhydrate de morphine et de codéine, que l'on fait cristalliser. Ensuite, pour obtenir la morphine seule, il suffit de dissoudre dans l'eau le chlorhydrate de morphine et de codéine et d'y ajouter de l'ammoniaque : la morphine se précipite, et on la purifie en la dissolvant dans l'alcool, en filtrant la liqueur, puis en la faisant cristalliser.

**Usages.** — La morphine s'emploie combinée avec l'acide sulfurique, l'acide chlorhydrique ou l'acide acétique, sous forme de sulfate, de chlorhydrate ou d'acétate de morphine : c'est un calmant du système nerveux, qui procure un sommeil tranquille ; mais il faut en prendre à très-petite dose, car une quantité plus considérable serait un poison dangereux.

**Strychnine**, $C^{42}H^{22}Az^2O^4 = 334$.

**Propriétés.**—La *strychnine* est une substance blanche, cristallisée, inodore, d'une saveur très-amère, insoluble dans l'eau, soluble dans l'alcool et les huiles volatilisées et inaltérable à l'air. C'est le plus redoutable des poisons végétaux.

**Préparation.** — La strychnine se trouve avec un autre alcaloïde, la brucine, dans la noix vomique, qui est la baie d'un arbre indien, le strychnos, et dans la fève de Saint-Ignace, graine d'un arbre des Philippines de la même famille. Après avoir fait bouillir la noix vomique en poudre dans de l'eau acidulée avec un dixième d'acide sulfurique, si l'on filtre et qu'on précipite la liqueur avec de la chaux, le précipité sera la strychnine et la brucine; et si on le traite ensuite par l'alcool, la brucine sera dissoute, tandis que la strychnine cristallisera par évaporation.

**Usages.** — La noix vomique est employée en médecine, mais en petite quantité, contre la paralysie, et le sulfate de strychnine est conseillé contre le choléra.

**Nicotine, $C^{20}H^{14}Az^2 = 162$.**

**Propriétés.** — La *nicotine* est un liquide oléagineux, anhydre, transparent, incolore, d'une odeur âcre, d'une saveur brûlante, très-soluble dans l'eau, l'alcool et l'éther, et absorbant l'oxygène atmosphérique. C'est un poison d'une action foudroyante. On l'extrait du tabac en traitant d'abord les feuilles par l'eau chaude, puis le liquide filtré et concentré par l'alcool, la liqueur alcoolique par une dissolution de potasse et enfin par l'éther qui dissout la nicotine devenue libre. Si on veut l'avoir pure, il faut la changer en oxalate, la précipiter de nouveau par la potasse, la dissoudre une seconde fois dans l'éther et l'en séparer ensuite par une distillation au bain-marie.

**Usages.** — C'est la présence de la nicotine qui donne au tabac ses propriétés.

Le tabac se fait avec les feuilles d'une plante qui lui a donné son nom. Ces feuilles sont d'abord triées, mises en tas et mouillées avec de l'eau salée. On procède ensuite à la fabrication des diverses sortes de tabac.

Pour le tabac à priser, on hache les feuilles après le mouillage; on les remet en tas et on les laisse fermenter pendant cinq à six mois; puis on les râpe. Après avoir tamisé la poudre de tabac, on la fait de nouveau fermenter neuf à dix mois dans une première chambre, deux mois dans une seconde, deux mois dans une troisième; on la laisse ensuite étendue de quatre à six semaines dans une autre chambre, et l'on finit par un second tamisage. Quoique le tabac ait perdu les deux tiers de sa nicotine, le tiers qui reste fait sa force, et les sels ammoniacaux développés pendant les diverses manipulations lui donnent son odeur.

Pour le tabac à fumer, après le mouillage on écôte les feuilles et on les hache. On étale ensuite le tabac, en le remuant, sur des tables horizontales formées de tuyaux de cuivre chauffés à 120° par la vapeur, et on le fait sécher sur des claies à l'air libre et à une température de 22°.

Pour les cigares, on choisit les meilleures feuilles de tabac; elles sont taillées en morceaux de vingt-cinq centimètres et roulées dans une feuille extérieure ou *robe* taillée d'après la dimension voulue, et autant que possible sans déchirure. Après avoir laissé les cigares huit jours dans des séchoirs, on les renferme plusieurs mois dans des chambres avant de les livrer à la consommation.

# CHAPITRE III.

Composés neutres. — Amidon. Fécule. — Sucres. — Dextrine. — Gomme. — Caoutchouc. — Gutta-percha. — Benzine. — Résines. — Essences. — Gélatine.

## Composés neutres.

Les *composés neutres* ne forment pas de sels avec les acides ; ils sont d'origine végétale ou animale et présentent des propriétés très-diverses ; quelques-uns ne diffèrent entre eux que par la disposition de leurs molécules, leurs éléments constitutifs étant les mêmes. Ces corps renferment principalement du carbone, de l'hydrogène et de l'oxygène ; ceux qui proviennent de matières animales donnent de l'azote.

Les principales substances neutres sont : l'*amidon*, la *fécule*, les *sucres*, la *dextrine*, la *gomme*, le *caoutchouc*, la *gutta-percha*, la *benzine*, les *résines*, les *essences*, la *gélatine*.

### Amidon. Fécule.

**Propriétés.** — On appelle *amidon* le principe amylacé qu'on tire des graines de céréales ou de légumineuses ; et *fécule* le principe amylacé qu'on extrait de la pomme de terre, des patates, de l'igname, etc. Ce sont deux substances qui ont la même composition et que l'on désigne même fréquemment toutes deux sous le nom commun d'*amidon*.

L'amidon est blanc ; chauffé à 200°, il se transforme en une matière soluble dans l'eau et nommée *dextrine*. Quand on le chauffe délayé dans une faible quantité d'eau, il s'épaissit, augmente considérablement de volume, et devient *empois*. L'alcool n'a pas d'action sur l'amidon. L'iode se combine avec lui et forme de l'iodure d'amidon qui est bleu. L'acide azotique le transforme en acide oxalique, l'acide sulfurique en sucre. L'amidon sec est inaltérable à l'air; mais l'empois devient acide, surtout pendant les chaleurs de l'été, puis il se change en dextrine.

**Préparation.** — On obtient l'amidon du blé en formant une pâte avec de la farine de blé et de l'eau. Après 15 à 20 minutes, on pétrit cette pâte sous un filet d'eau, qui entraîne l'amidon; on reçoit cette eau dans un vase au fond duquel l'amidon ne tarde pas à se déposer; il suffit ensuite de le faire sécher. Il reste après cette opération une substance élastique qu'on appelle *gluten*.

La fécule s'obtient principalement de la pomme de terre. Après avoir lavé les pommes de terre, on les râpe sur un tamis métallique composé de sept cribles superposés, et l'on dirige sur la pulpe un filet d'eau, qui entraîne avec elle la fécule et la laisse bientôt déposer; il ne reste plus qu'à l'égoutter et à la dessécher d'abord à l'air libre, puis dans une étuve. La pulpe de pomme de terre privée de fécule reste sur le filtre.

**Usages.** — On se sert de l'amidon et de la fécule pour obtenir l'empois, pour donner aux toiles de la fermeté et du lustre, pour coller le papier, pour préparer la dextrine, le sirop de fécule, le sucre d'amidon, pour fabriquer les pâtes d'Italie et quelques pâtisseries. La médecine emploie la fécule comme adoucissant.

## Sucres.

**Propriétés.** — Le mot *sucre* indiquait dans l'origine et indique encore aujourd'hui, dans le langage ordinaire, le produit que l'on obtient avec le jus de la canne à sucre. En chimie, on appelle *sucre* toute matière de saveur douce et agréable, qui a pour caractère principal de se transformer, sous l'influence de la fermentation, en alcool et en acide carbonique.

**Espèces diverses de sucres.** — Il existe différentes espèces de sucres dont les principales sont : le *sucre de canne*, le *sucre de betterave*, le *sucre de raisin* ou *glucose*, le *sucre d'amidon* ou *de fécule*.

*Sucre de canne.* Le *sucre de canne* est solide, blanc, cristallin, inodore, d'une saveur agréable et que chacun connaît, phosphorescent sous le choc, soluble dans le tiers de son poids d'eau ; il fond à 180°.

La canne à sucre est une graminée originaire de l'Inde, qui est surtout cultivée aujourd'hui dans les Antilles et au Brésil. Pour en retirer le sucre, on en exprime le jus, on concentre le sirop et on le purifie avec du noir animal, puis on le fait cristalliser. Comme il renferme encore une certaine quantité de sirop, appelé *mélasse*, on le rend plus pur en appliquant à la base des pains de sucre de l'argile mouillée ; l'eau qui filtre à travers se sature de sucre, et chasse devant elle la mélasse et tout autre corps étranger.

*Sucre de betterave.* Le *sucre de betterave* a une composition identique au sucre de canne ; ses propriétés sont les mêmes.

On obtient le sucre de betterave en exprimant le jus des betteraves, clarifiant le sirop par le noir animal, filtrant, évaporant, puis faisant cristalliser. La décoloration et la purification du sucre de betterave sont plus compliquées que celles du sucre de canne, mais s'opèrent par les mêmes procédés.

Un sucre identique pour la composition et les usages s'extrait, dans certains pays, des noix de coco ou de la sève du palmier, de l'érable et du bouleau. On en retirerait de même des châtaignes, des melons, des carottes, des ananas, etc., mais avec plus de difficulté et plus de frais.

*Sucre de raisin.* Le *sucre de raisin* ou *glucose* existe dans les raisins, les groseilles, le miel, et forme cette poussière blanche qui recouvre les prunes, les figues, etc. On peut le retirer des raisins; mais comme on l'obtient également par l'action des acides étendus d'eau sur le sucre ordinaire et la fécule, il est plus avantageux, dans l'état actuel de l'industrie, de le former avec la fécule.

Le glucose, quand il n'est pas en sirop, est solide, blanc, granulé ou cristallisé, d'une saveur d'abord piquante et farineuse, puis sucrée : il est moins soluble dans l'eau que le sucre ordinaire, fond à 100° et perd une partie d'eau équivalente au dixième environ de son poids.

Pour obtenir le glucose, on projette peu à peu la fécule dans cinq fois son poids d'eau à 100°, et l'on précipite par la craie l'acide sulfurique qui rendait l'eau acidulée; on laisse la liqueur en repos pour que tout le sulfate se condense, puis on filtre, on concentre le sirop, et l'on a par cristallisation le glucose pur.

*Sucre d'amidon ou de fécule.* Le *sucre d'amidon* ou *de fécule* est identique avec le sucre de raisin. C'est une substance blanche, d'une saveur moins sucrée que le sucre de canne; il faut environ le triple de glucose pour avoir une liqueur également sucrée. La chaleur ramollit le sucre d'amidon à 60°; il est moins soluble dans l'eau que le sucre de canne, mais il est plus soluble dans l'alcool.

Pour obtenir le sucre d'amidon ou de fécule, on traite l'amidon ou la fécule par l'eau contenant 1 centième d'acide sulfurique que l'on maintient à 100° environ une demi-heure : la matière amylacée se change en sucre; puis on sature l'acide sulfurique par la craie, on évapore jusqu'à ce que tout le sulfate de chaux soit précipité, et l'on décante; en concentrant la liqueur et la laissant ensuite refroidir, on obtient une masse blanche qui est le sucre d'amidon ou le sucre de fécule, suivant la matière qui l'a produit.

10.

**Usages.** — Le sucre de canne ou de betterave sert journellement à table ; il est la base de tous les sirops et de
toutes les confitures. Si on le fond et qu'on le roule en
petits cylindres, c'est le sucre d'orge ; si on le fait cristalliser, c'est le sucre candi ; si on le mêle avec de la
gelée de pommes et quelque essence, c'est le sucre de
pomme. Avant qu'il ait été raffiné, on l'appelle sucre brut
ou cassonade. Le sirop qui reste après le raffinage est la
mélasse ; elle sert à la fabrication du rhum.

Le sucre de raisin est employé dans les brasseries ;
quand il est pur, il peut servir aux confiseurs et aux
liquoristes.

Le sucre d'amidon, comme le sucre de fécule, sert à
la fabrication de la bière et de l'alcool et à l'amélioration
des vins. On falsifie quelquefois les cassonades avec du
sucre d'amidon ; mais on peut facilement reconnaître la
fraude, car le sucre d'amidon se colore quand on le fait
bouillir quelque temps dans une solution faible de soude
ou de potasse caustique.

### Dextrine.

**Propriétés.** — La *dextrine* a la même composition que
l'amidon, dont elle n'est qu'une transformation. Cette
substance est soluble dans l'eau et dans l'alcool faible ;
elle est insoluble dans l'alcool concentré et n'est pas colorée par l'iode. La dissolution de la dextrine dans l'eau
ressemble à une solution de gomme arabique. L'eau et
les acides la transforment en *glucose*.

**Préparation.** — On prépare la dextrine par plusieurs
procédés. Quand on veut l'obtenir à bon marché, on
chauffe simplement l'amidon à une température de 160°
environ : bientôt l'amidon se change en dextrine ; on
l'appelle alors *amidon torréfié*.

**Usages.** — La dextrine peut remplacer, pour les apprêts des étoffes, la gomme, dont il sera question plus

bas ; on s'en sert également pour le collage des papiers.
En pharmacie, on forme, avec des rubans de toile imbibés d'une solution de dextrine, des bandages qui, en séchant, deviennent très-solides, et qui s'enlèvent à volonté à l'aide d'un peu d'eau chaude.

### Gomme, $C^{12}H^{11}O^{11} = 171$.

**Propriétés.** — La *gomme* est une substance végétale, solide, tantôt blanche, tantôt jaune ou rougeâtre, incristallisable, à cassure vitreuse, plus ou moins soluble dans l'eau, d'où elle est précipitée par l'alcool. On distingue la *gomme arabique* ou *gomme du Sénégal*, la plus pure de toutes, qu'on trouve dans le commerce en petites masses arrondies, et qui provient de différentes espèces d'acacias; la *gomme du pays*, moins soluble, qui découle du cerisier, du pêcher, du prunier, etc.; la *gomme adragant*, sous forme de petits rubans entortillés, qu'on extrait des astragales dans l'île de Crète et dans les îles environnantes.

**Préparation.** — En faisant aux arbres des incisions, il s'en écoule un liquide épais et visqueux qui se durcit à l'air : c'est la gomme que l'on peut ensuite purifier.

**Usages.** — La gomme est employée en médecine comme adoucissante; elle entre dans beaucoup de sirops et de pâtes, telles que les pâtes de guimauve et de jujube. Dans l'industrie, on s'en sert pour lustrer les étoffes, pour fabriquer l'encre et le cirage, pour apprêter le feutre des chapeliers, etc.

### Caoutchouc.

**Propriétés.** — Le *caoutchouc* pur est une substance solide, blanche, élastique, insoluble dans l'eau et dans l'alcool; soluble dans l'éther, les essences, le sulfure de carbone et dans plusieurs liquides obtenus par la distillation des goudrons que donne l'épuration du gaz de l'eclairage. Si l'on coupe le caoutchouc et que l'on rapproche immédiatement les bords de la coupure, les parties adhèrent et se soudent entre elles.

**Préparation.** — Au Brésil et à la Guyane, on fait des incisions à certains arbres de la famille des euphorbiacées : il s'en écoule un liquide laiteux qui n'est autre chose que le caoutchouc. On le reçoit dans un vase en le faisant tomber sur des moules d'argile ayant la forme de poires; on plonge ces moules à plusieurs reprises dans le liquide pour épaissir la couche de caoutchouc, et on le fait sécher à la flamme d'un feu clair. Quand les couches sont assez épaisses et que le caoutchouc est suffisamment sec, on casse le moule, on en fait sortir les débris par le goulot de l'espèce de bouteille qui s'est formée, et on le livre en cet état au commerce.

**Usages.** — Le caoutchouc a de nombreux usages. On en forme des fils, des tubes, des conduits acoustiques, des lanières, des chaussures, etc. Avec ses fils, on fait des bretelles, des jarretières, des corsets. On l'emploie aussi à rendre les étoffes imperméables et à effacer le crayon. Il entre dans la *glu marine*, si utile pour le calfatage des navires. Le caoutchouc combiné au soufre s'appelle *caoutchouc vulcanisé* ; il acquiert ainsi une souplesse et une élasticité qui résistent aux divers changements de température.

### Gutta-percha.

**Propriétés.** — La *gutta-percha* est une substance qui a beaucoup d'analogie avec le caoutchouc. Quand elle est pure, elle est blanche, solide, translucide, plus dure que le caoutchouc à froid et plus molle à chaud, mais toujours bien moins élastique.

**Préparation.** — La gutta-percha provient de la presqu'île de Malacca et des îles de la Malaisie; elle s'écoule, comme le caoutchouc, de l'incision que l'on fait à divers arbres; elle se durcit à l'air.

**Usages.** — Les usages de la gutta-percha deviennent de jour en jour plus nombreux. On en forme des tubes, des courroies, des fouets, des cravaches, des enveloppes pour les fils des télégraphes électriques. Sa souplesse la rend propre à prendre des empreintes pour les médailles et les clichés. On l'emploie souvent mêlée au caoutchouc et tous deux combinés avec le sulfure de carbone, c'est-à-dire vulcanisés.

### Résines.

**Propriétés.** — Les *résines* sont des sucs plus ou moins visqueux qui découlent de certaines plantes, se durcissent à l'air et deviennent souvent solides et cassants. Elle sont insolubles dans l'eau, mais solubles dans l'alcool, soit à chaud, soit même à froid. Cette classe nombreuse de corps neutres se divise en *résines*, qui ne se dissolvent pas dans l'eau, mais dans l'alcool; en *gommes-résines*, légèrement solubles dans l'eau qu'elles rendent lactescente, et ne se dissolvant que dans l'alcool étendu et bouillant; en *baumes*, résines aromatiques qui laissent sublimer par la chaleur un acide odorant et cristallisable.

Les principales résines sont : la *térébenthine*, que l'on extrait de différentes espèces de pins et qui, lorsqu'on la purifie, donne pour résidu la *colophane*; le *succin* ou *ambre jaune*, de nature fossile, que l'on trouve sur les bords de la mer Baltique en rognons jaunes, transparents et fragiles, renfermant dans leur intérieur divers insectes; la *résine copal*, qui est dure, presque incolore, inodore et insipide; la *gomme laque*, la *cire de palmier*, etc. Parmi les gommes-résines, on distingue la *gomme-gutte*, l'*assa-fœtida*, la *myrrhe*, l'*encens*, la *gomme ammoniaque*. Les baumes les plus remarquables sont : le *benjoin*, le *baume de Tolu* et le *baume du Pérou*.

**Usages.** — Toutes les résines peuvent être employées dans les vernis, qui sont des dissolutions de résine dans l'alcool, les essences ou les huiles grasses siccatives. La térébenthine sert à calfater les navires et à préparer le mastic des fontainiers. La gomme laque entre pour moitié dans la cire à cacheter. L'assa-fœtida, la gomme ammoniaque, les baumes de Tolu et du Pérou sont utilisés en médecine. La gomme-gutte donne à l'aquarelle une couleur jaune. Le baume de Tolu, la myrrhe, l'encens, surtout le benjoin, sont recherchés dans la parfumerie. Le benjoin sert encore à fabriquer la benzine, quand on veut l'avoir pure; mais pour enlever les taches ou pour obtenir par des manipulations chimiques une couleur rouge, violette ou bleue d'une grande solidité, on emploie la benzine extraite par distillation de la houille ou du goudron de houille.

### Essences.

**Propriétés.** — Les *essences*, appelées encore *huiles essentielles* ou *huiles volatiles*, mais dont la composition est toute différente de celle des huiles, sont des sécrétions neutres végétales, ordinairement liquides, quelquefois solides et cristallisées, d'une odeur aromatique, d'une saveur âcre et même caustique, variables dans leur couleur, très-peu solubles dans l'eau, beaucoup plus solubles dans l'alcool, dissolvant les corps gras et les résines. Les essences sont avides d'oxygène; elles l'enlèvent à l'air et se changent ainsi en résines; elles décomposent les acides les plus énergiques, tels que l'acide sulfurique et l'acide azotique, celui-ci avec explosion et avec flamme.

Les principales essences sont : l'*essence de térébenthine*, le *camphre*, l'*essence d'amandes amères* et l'*essence de moutarde.* On peut encore extraire d'une foule de plantes, notamment du citron, de l'orange, de la rose, du thym, du genièvre, de l'anis, de la menthe, du girofle, etc., des essences recherchées dans la parfumerie.

*L'essence de térébenthine* purifiée est incolore, très-fluide, d'une odeur qui lui est propre et facile à reconnaître. On l'obtient en dissolvant la térébenthine avec de l'eau, et on la purifie par une seconde distillation, après laquelle on la dessèche sur du chlorure de calcium. Si on l'expose, saturée de gaz chlorhydrique, dans un endroit froid et pendant vingt-quatre heures, on obtient des cristaux que leur odeur a fait appeler camphre artificiel.

Le *camphre* est solide, mais volatil, et cristallise en hexagones réguliers. Il est sécrété par toutes les labiées ; mais on l'extrait surtout du laurier-camphre, en distillant avec de l'eau les tiges et les branches coupées en morceaux, puis en le purifiant par une seconde distillation après l'avoir mélangé avec un peu de chaux et de charbon.

*L'essence d'amandes amères* est liquide, incolore, transparente, très-réfringente, d'une odeur d'acide prussique et de saveur brûlante. On l'obtient en distillant avec de l'eau les feuilles du laurier-cerise ou les tourteaux d'amandes amères [1] ; puis on la dégage, par différentes manipulations, de plusieurs produits dont elle est mélangée. Il est à remarquer d'ailleurs qu'elle ne préexiste pas dans les tourteaux, mais qu'elle se forme par la première distillation.

*L'essence de moutarde* est le type de plusieurs essences qui renferment toutes du soufre et quelques-unes de l'azote. C'est un liquide incolore, dont la vapeur irrite les narines et le nez et qui désorganise promptement la peau : ce qui explique l'action des sinapismes. On l'obtient en distillant avec de l'eau les graines de moutarde noire.

Usages. — L'essence de térébenthine s'emploie pour étendre le vernis et pour dissoudre le caoutchouc. Le

1. Résidu des amandes soumises à la pression pour en extraire l'huile.

camphre est employé pour préserver les étoffes des insectes et des vers qu'il fait périr ; il sert en médecine : à forte dose, il serait mortel. Avec l'essence de genièvre, on fait le genièvre; avec l'essence d'anis, l'anisette. L'essence d'amandes et beaucoup d'autres essences entrent dans les eaux aromatiques, telles que l'eau de Cologne, et dans les pommades ou les savons parfumés. Enfin on se sert de toutes les essences pour enlever sur les étoffes les taches de graisse qu'elles dissolvent.

## Gélatine.

**Propriétés.** — La *gélatine* est une substance qui provient de matières animales, telles que les os, les tendons, les peaux, etc. Elle est incolore quand elle est pure, mais celle du commerce est ordinairement colorée; elle est insoluble dans l'eau froide, mais elle s'y ramollit; soluble dans l'eau bouillante, elle forme une gelée par le refroidissement; elle est insoluble dans l'alcool.

La gélatine n'est autre chose que la *colle forte*, si utile dans un grand nombre d'industries. En dissolvant au bain-marie la gélatine avec du vinaigre, de l'alcool et un peu d'alun, on a une colle forte liquide employée à de nombreux usages. La *colle de poisson*, qui est une espèce de gélatine, provient de la peau, des intestins et de la vessie natatoire de l'esturgeon.

**Préparation.** — On obtient la gélatine en traitant par l'eau bouillante les cartilages, la peau, les tendons, etc., ou en traitant les os par la vapeur à 106°. L'eau, en s'évaporant, abandonne ensuite la gélatine.

**Usages.**— La gélatine s'emploie, sous le nom de *colle forte*, pour coller les vins, pour clarifier différents liquides, pour rendre les confitures plus fermes, etc. Elle sert à lier ensemble les pièces de bois qui ne doivent pas subir l'action de l'eau. On s'en est servi quelque temps comme substance alimentaire et l'on en faisait du bouillon; aujourd'hui on y a renoncé parce qu'on la regarde, peut-être à tort, comme un aliment peu substantiel. Il est certain que la gélatine manque d'un principe, nommé *osmazome*, qui donne au bouillon de viande son odeur et sa saveur, ce qui le rend plus estimé.

## CHAPITRE IV.

Fermentation. — Fermentation saccharine ou sucrée. — Fermentation alcoolique ou vineuse. Alcool. Vin. — Fermentation acide. Farine. Pain.

### Fermentation.

On appelle *fermentation* la transformation d'une substance en une autre, sous l'influence de certains corps qu'on appelle *ferments*, et qui n'agissent que par leur présence, sans se décomposer eux-mêmes. Le ferment, matière albuminoïde, se produit tantôt de lui-même dans la liqueur comme dans le jus de raisin, tantôt il résulte d'un corps qu'on ajoute, comme la levûre dans la bière. Chaque globule de ferment, une fois qu'il s'est développé, est comme un être organisé qui se multiplie par des espèces de bourgeons, tant que la liqueur lui fournit la nourriture nécessaire à sa vie; il s'en assimile une partie et laisse subsister l'autre, mais dans des conditions et dans des proportions tout autres qu'auparavant.

On distingue quatre espèces de fermentation : la *fermentation alcoolique* ou *vineuse*, la *fermentation saccharine* ou *sucrée*, la *fermentation acide*

## Fermentation saccharine ou sucrée.

La *fermentation saccharine* ou *sucrée* consiste dans la transformation en sucre de plusieurs substances qui ne contiennent pas de matière sucrée dans leur état naturel.

Que l'on fasse longtemps bouillir de l'amidon, quelle qu'en soit la provenance, avec de l'acide sulfurique ou certains acides végétaux, il y a fermentation, et l'amidon tout entier est changé en un sucre analogue au sucre de raisin. La présence de l'acide sulfurique n'est même pas indispensable. Si l'on abandonne de l'empois à lui-même avec ou sans le contact de l'air, ou si on le mélange avec du gluten [1], la fermentation saccharine aura lieu, plus lente, il est vrai, et plus compliquée dans ses produits ; mais le principe amylacé se changera également en dextrine, puis en glucose.

Les bois, l'écorce, la paille, le chanvre, le linge même, étant traités par l'acide sulfurique, peuvent éprouver la fermentation saccharine ou sucrée ; mais la préparation d'un semblable sucre serait très-coûteuse. C'est surtout le principe amylacé, amidon ou fécule, que l'industrie soumet à la fermentation saccharine, tantôt pour en tirer la dextrine et le glucose, tantôt comme condition préalable à la fermentation alcoolique, ce que nous verrons dans la fabrication de la bière.

## Fermentation alcoolique ou vineuse. Alcool. Vin.

La *fermentation alcoolique* ou *vineuse* consiste dans la transformation de toute espèce de sucre en alcool et en acide carbonique.

Que l'on mette ensemble du sucre, du ferment et de l'eau sous l'influence d'une température de 15 à 30 degrés, le sucre fermente et se change en acide carbonique

1. Voyez pages 214 et 231.

qui s'évapore, et en alcool qui reste dans la dissolution.

C'est à la fermentation alcoolique de différentes substances que l'on doit l'*alcool*, le *vin*, la *bière*, le *cidre* et le *poiré*.

Le jus de raisin contient beaucoup de sucre; il renferme une matière qui peut se changer en ferment par l'action de l'air : c'est ce qui rend compte de la formation du vin, d'où l'on retire l'eau-de-vie par une première distillation, et l'alcool par la distillation de l'eau-de-vie.

*Alcool.* L'*alcool* est un liquide incolore, très-fluide, d'une odeur agréable, d'une saveur brûlante quand il est concentré; il bout à 79°, s'enflamme facilement et brûle avec une flamme bleuâtre. Jusqu'à présent il n'a pu être solidifié à aucune température. Il est très-avide d'eau et n'en est complétement privé qu'avec peine. C'est le dissolvant ordinaire des résines, des essences, des corps gras, des matières colorantes, en un mot de toutes les substances très-hydrogénées.

Tout liquide sucré qui a éprouvé la fermentation alcoolique peut donner l'alcool du commerce. On le retire donc du cidre, de la mélasse, de la betterave, de la pomme de terre, des grains, même du bois, etc., mais on le retire surtout du vin par la distillation. En le distillant plusieurs fois, et ne conservant chaque fois que la première partie de la distillation, on l'obtient de plus en plus concentré. Enfin si on le distille une dernière fois sur de la chaux vive, puis sur du chlorure de calcium fondu, substances très-avides d'eau, on a l'alcool absolu ou anhydre.

L'alcool concentré ou esprit-de-vin sert de dissolvant dans les laboratoires, et, dans les laboratoires ou les ménages, de combustible pour les petites lampes dites à esprit-de-vin. On sait que l'on fabrique avec l'alcool des thermomètres à bon marché qui servent à mesurer les plus basses températures.

L'alcool mêlé avec de l'eau en parties égales constitue l'eau-de-vie, boisson dangereuse quand elle est prise en excès, qui provoque l'ivresse et qui peut quelquefois se terminer brusquement par la mort.

Distillé avec l'acide sulfurique, l'alcool perd une proportion d'eau et se change en *éther*, substance très-volatile, très-inflammable, qui dissout mieux que l'alcool les matières hydrogénées et que la médecine emploie soit pour produire un froid salutaire, comme dans la migraine, où l'on en frotte le front et les tempes, soit pour rappeler à elles, en le faisant prendre sur du sucre ou en le faisant respirer, les personnes tombées en syncope.

*Vin.* Le *vin* résulte de la fermentation du jus de raisin; le raisin contient en effet du sucre, matière susceptible de fermenter, et des matières albuminoïdes qui servent de ferment.

Pour fabriquer le vin, on écrase le raisin mûr avec les rafles ou débris des grappes, et on porte le tout dans une cuve où le liquide ne tarde pas à fermenter. Les pellicules, les pepins, etc., montent à la surface pendant la fermentation, et forment une croûte qu'on appelle *chapeau,* ce qui préserve le vin du contact de l'air; mais quand l'opération est à peu près terminée, on descend le chapeau dans le liquide, et l'alcool qui s'est formé dissout les matières colorantes. Si la fermentation est lente parce que la température est trop basse, on chauffe une partie du moût que l'on ajoute au reste; de cette manière, la température totale s'élève, la fermentation se fait avec plus de rapidité et la vinosité augmente. Enfin lorsque le vin a été convenablement coloré, on le soutire pour le débarrasser des rafles qui forment le marc, et on en remplit des tonneaux ou de vastes foudres : c'est là que la fermentation s'achève.

On peut encore, à l'aide d'un pressoir, obtenir du marc une nouvelle quantité de vin nommé vin de *pressurage,* inférieur en qualité à celui du premier moût, qu'on appelle vin de *mère-goutte ;* mais quand le vin doit être de qualité ordinaire, on ajoute le vin de pressurage à la mère-goutte.

Après la fermentation, on soutire le vin qui doit être employé de suite ; on ne soutire qu'après les premières gelées celui que l'on veut conserver, et quand arrive le printemps on procède enfin au *collage.* Cette dernière opération a pour but de donner au vin de la limpidité et de le débarrasser d'une matière albuminoïde qui pourrait provoquer une fermentation nouvelle. A cet effet, on met dans chaque tonneau soit des blancs d'œufs, soit de la gélatine ou du sang, soit, pour les vins blancs, de la colle de poisson, et l'on brasse : il se forme à la surface comme un réseau d'albumine insoluble qui se dépose ensuite, et entraîne au fond avec lui toutes les matières étrangères. Il faut que les tonneaux où on met le vin avant le collage soient bien pleins et parfaitement bouchés, sans quoi la fermentation acétique s'établirait et le vin deviendrait vinaigre. Nous avons vu précédemment (p. 198) par quel procédé on change le vin en vinaigre dans l'industrie.

Toute espèce de raisin fournit à volonté du vin rouge ou blanc. Si l'on veut avoir des vins blancs, on ne doit prendre que les raisins bien mûrs ; après les avoir écrasés, on fait écouler aussitôt le moût dans des tonneaux à travers une sorte de tamis destiné à retenir les rafles, les pepins et les pellicules, la matière colorante, qui se trouve dans la pellicule, ne se dissolvant qu'après un commencement de fermentation.

Pour obtenir le vin de Champagne, on emploie le vin de mère-goutte, si on le veut de meilleure qualité et sans couleur ; avec le vin de pressurage on a un vin légèrement coloré qu'on appele *vin rosat.* Lorsqu'on soutire le vin après la fermentation, on verse 1 litre de cognac par 100 litres et l'on soutire de nouveau. Deux mois après, on met en bouteilles : la fermentation continuant, l'acide carbonique se dissout dans le vin, et il se dépose du ferment. Huit à dix mois plus tard, on prend haque bouteille que l'on place renversée sur une planche percée; lorsque le vin est tout à fait clair, on coupe le fil de fer du bouchon : celui-ci part, et la lie qui était en suspension s'échappe en même temps avec une petite quantité de vin; on remplit rapidement la bouteille avec du sirop, on ferme définitivement, et la fabrication est terminée.

On peut rendre artificiellement mousseux du vin de toute espèce en y comprimant du gaz acide carbonique ; mais ce vin n'a jamais la qualité des vins de Champagne naturels.

Les principales maladies des vins sont connues sous les noms de *graisse,* d'*amer* et de *fleur.*

Les vins blancs surtout ont quelquefois la maladie nommée *graisse,* qui est due à une matière azotée nommée *glaïadine;* on ne peut conserver ces vins qu'après avoir précipité cette matière par une petite quantité de tannin. Lorsqu'un vin vieux tourne à l'*amer,* on le corrige en y ajoutant un peu d'alcool ou du vin nouveau. Enfin les vins mal bouchés se recouvrent quelquefois d'une espèce de moisissure qu'on appelle *fleur;* pour la faire disparaître, on remplit complétement le tonneau, les fleurs viennent à la surface; on donne une secousse un peu violente au tonneau, et la fleur s'échappe. Il faut ensuite reboucher soigneusement.

Les quantités de l'alcool combiné dans le vin et qui en font la qualité varient de 6 à 7 jusqu'à 17 centièmes

*Bière.* La *bière,* si utile pour remplacer le vin dans les contrées du nord, s'obtient par la fermentation alcoolique des matières amylacées que l'on a préalablement changées en sucre.

La base de la bière est l'orge, céréale peu coûteuse. En mettant les grains dans quatre fois leur volume d'eau pour les hydrater, et en les amoncelant en couches de 50 à 60 centimètres d'épaisseur, on détermine la germination, ce qui donne l'orge germée ou *malt;* cette première opération a pour but de développer la *diastase*, transformation de la substance amylacée qui a lieu avec le développement de la plumule et dont l'influence change en sucre l'amidon pour qu'il serve de nourriture au germe qui se développe. En chauffant graduellement le malt, on arrête la germination, puis on détache les radicelles à l'aide d'un crible. Si l'on concasse alors la graine et qu'on la traite par de l'eau d'abord à 60°, puis à 90°, on a le *moût*, que l'on fait bouillir avec du houblon pour lui donner à la fois du goût et du parfum; le résidu du malt c'est la *drèche*, que l'on donne en nourriture aux bestiaux. Le moût refroidi est versé dans une cuve avec le ferment appelé *levûre de bière*, et à une température de 20° la fermentation s'accomplit en deux jours au plus. La liqueur soutirée se met dans des quarts où la fermentation reparaît, de sorte qu'il s'écoule une mousse épaisse qui constitue une nouvelle levûre. Dès que la fermentation se ralentit, il ne reste plus que le soin de clarifier la bière par le collage.

On distingue, d'après les procédés de fabrication et la quantité d'alcool qu'elles contiennent, différentes espèces de bière : la *petite bière*, la *double bière*, la *bière brune* ou *blanche*, la *bière de Strasbourg* ou *de Bavière*, le *bock-bier*, le *faro*, le *porter* et l'*ale*.

*Cidre et poiré.* Le *cidre* et le *poiré* sont deux boissons qui remplacent le vin dans certains pays et que l'on obtient par la fermentation alcoolique du jus extrait des pommes ou des poires.

Quand le fruit est mûr, on l'abat, et six semaines après on l'écrase, en y versant un cinquième d'eau en poids. La pulpe de pomme exposée un jour ou deux à l'air se colore en rouge brun; on la soumet alors à la presse, on met le suc dans des vases où il fermente, on le soutire et on en remplit des tonneaux où la fermentation s'achève. Si on veut lui conserver une saveur légèrement sucrée, il ne faut pas que la fermentation soit complète; autrement on a le *cidre paré*, d'une saveur acide et un peu amère.

Comme le poiré doit être blanc, on presse la pulpe sans l'avoir exposée à l'air.

### Fermentation acide. Farine. Pain.

La *fermentation acide* consiste dans la transformation en acide acétique de l'alcool ou des principes qui le fournissent comme le sucre. En exposant à l'air une liqueur alcoolique, vin ou bière, à une température de 10 à 30°, l'alcool se décompose : il se dégage de l'acide carbonique; il se dépose une masse de filaments, et la liqueur se trouve changée en acide acétique.

On doit à la fermentation acide de la farine et en même temps à sa fermentation alcoolique le pain qui nous sert de nourriture.

On appelle *farine* la poudre que l'on obtient en moulant les diverses graines, et les purifiant ensuite par un tamisage pour enlever le son, c'est-à-dire les débris de l'enveloppe des graines.

La farine de blé est formée : 1° de substances neutres contenant de l'azote, telles que le gluten, de 7 à 15 parties sur 100; 2° de substances neutres ne contenant pas d'azote, l'amidon, la dextrine, le glucose, de 62 à 75 sur 100; 3° de matières grasses; 4° d'huile essentielle ; 5° de quelques sels minéraux, phosphate de chaux, phosphate de magnésie, sels de potasse, etc. Le gluten, formé de glutine, d'albumine, de fibrine et de caséine, est un tissu visqueux et élastique qui se divise en une multitude de petites cellules remplies d'amidon, d'albumine, de sucre, de fécule et de mucilage. Le son contient presque tous les sels minéraux, et de plus beaucoup de matières grasses et de matières azotées.

La farine de blé, quand elle est de bonne qualité, est d'une belle couleur blanche tirant sur le jaune, douce au toucher ; elle forme, avec la moitié de son poids d'eau, une pâte élastique bien uniforme qu'on peut étendre en feuilles très-minces.

Elle est quelquefois mêlée par fraude avec la farine de féverole ou de haricot, avec la fécule de pomme de terre, etc., qui sont à meilleur marché. Le seul examen au microscope peut faire découvrir un centième de farine étrangère, parce que toutes ces farines ont un grain de forme et de grosseur différentes; mais ces grains diffèrent encore plus de volume quand on les mouille, et ils donnent des nuances quelquefois très-différentes quand on les traite par l'iode.

La farine doit être conservée dans des endroits secs, car l'humidité l'altère rapidement. Pour les voyages de long cours, on la rend à peu près inaltérable en la comprimant fortement dans des tonneaux au moyen de la presse hydraulique.

En délayant la farine avec de l'eau sous l'influence d'un ferment, on provoque une fermentation, et on la rend propre à devenir du pain par la cuisson. Le ferment employé s'appelle *levain;* c'est tantôt de la pâte aigrie, tantôt de la levûre de bière.

Pour fabriquer du pain, on fait une pâte avec de la farine et de l'eau; on y ajoute un peu de sel pour relever le goût, puis une certaine quantité de levain qui agit comme ferment. On divise la pâte en pains et l'on attend que la pâte lève : le glucose, sous la présence du levain, se change en alcool et en gaz acide carbonique; c'est ce gaz qui soulève le gluten et qui forme dans la pâte de nombreuses cavités. Il ne faut pas attendre trop long-temps, parce qu'à la suite de cette première fermentation qui change le glucose en alcool et en acide carbonique, il s'en établirait une seconde qui transformerait l'alcool en acide acétique. Lorsque le pain est convenablement levé, on le soumet à la cuisson.

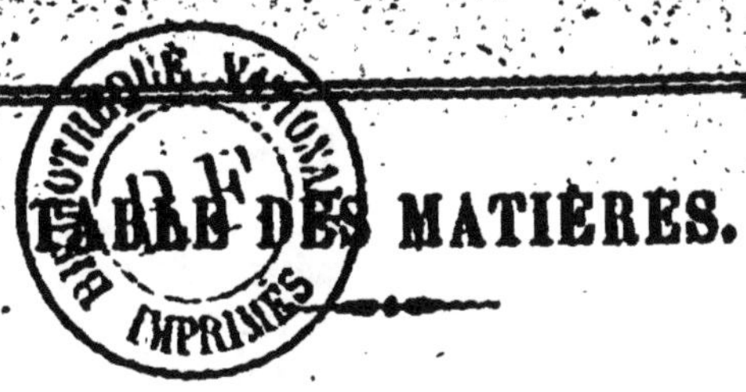

# TABLE DES MATIÈRES.

## INTRODUCTION.



## CHIMIE INORGANIQUE OU MINÉRALE.

## CHIMIE ORGANIQUE.

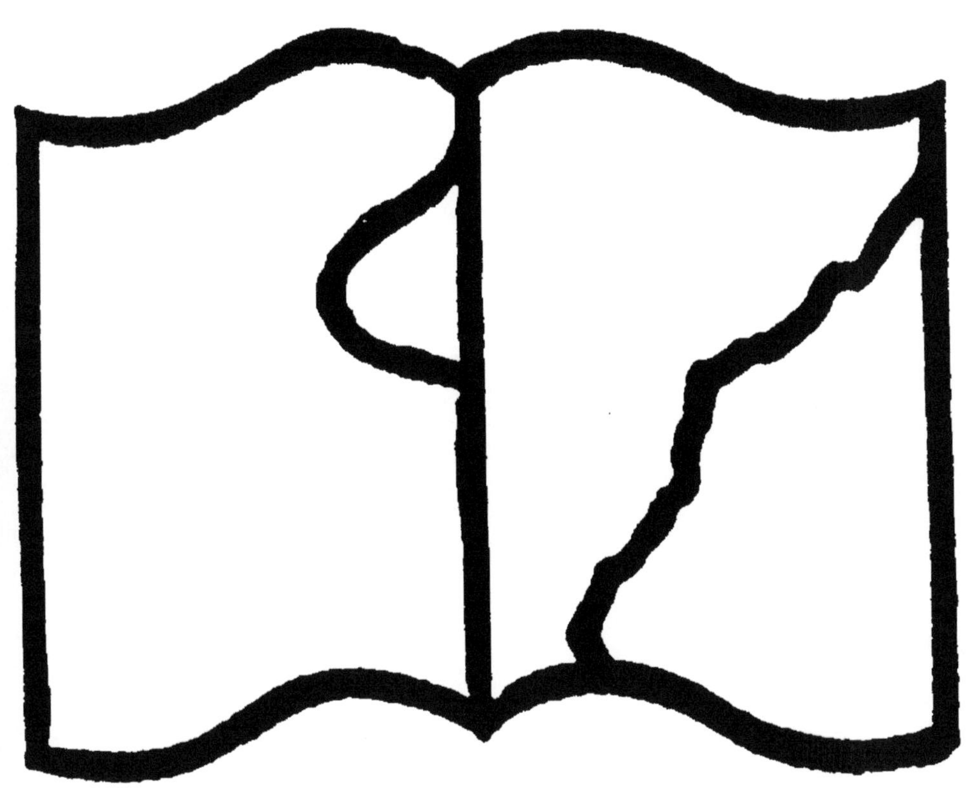

Texte détérioré — reliure défectueuse
NF Z 43-120-11

www.ingramcontent.com/pod-product-compliance
Ingram Content Group UK Ltd.
Pitfield, Milton Keynes, MK11 3LW, UK
UKHW022208120726
13694UKWH00002B/464